「いつも無理してるな」と思った時に読む本

根本裕幸

大和書房

まえがき

カウンセラーである私のもとへ訪れるクライアントさんたちは、多くの課題を抱えていらっしゃいます。長年、カウンセリングに携わってきた経験から、彼女たちの悩みを総合してみると、次のような形になります。

「職場ではしっかり者で通っていて後輩だけでなく、同期や先輩からも頼られます。プライベートだって友達はいるし、趣味も多いほうです。ファッションや美味しい店も知ってます。でも、あんまり男運は良くないかな……。

そうはいっても、毎日充実しているからあんまり恋の優先順位は高くないのかも。ただ最近、ふとした瞬間に寂しさや虚しさを感じたりして……。そろそろ結婚したいのかもしれません。**子どもの頃から「しっかり者の長女」で、頑張り屋って言われてました。**

ある程度のことはひとりで何でもできますけど、その分、素直に人に頼れなかったり、甘えられないんです。これまでの恋人とは、毎回張り合っちゃってケンカ別ればかりです。

『あんたはプライドが高すぎるのよ』と昔から私を知ってる友人は言います。見栄っ張りというか、人に弱いところを見せるのが苦手なのは、学生時代から変わっていないかもなぁって……。

正直、そんな自分にちょっと疲れてきた気がしています。

だから、**5年後とか10年後のことを考えると、なんとなく不安になってモヤモヤしちゃいます。**

けど、どうしたらいいのかな……」

この話を読んで、もしかしてこの本を開いたあなたも、思い当たる節があるかもしれませんね。

そこで、次のリストで当てはまるものをチェックしてみてください。

あなたは、いくつ当てはまりますか？　すごく頷《うなず》いてしまう項目、ありませんか？

□しっかり者で、ひとりで何でもできる
□周りから頼りにされている
□プライドはちょっと高めだと思う
□人に頼るのが苦手、甘えるのはもっと苦手
□弱みを見せることができない
□考えすぎたり、ひとりで抱え込みがち
□面倒見は良いが、自分のことはだいたい後回し
□「ちゃんとしなきゃ」と思うことが多い
□誰かのために頑張るのが好きだけど、いつもオーバーワーク気味
□「いい女」と言われることが多いけど、あまり自覚はない
□実は男女関係にちょっと自信がない
□いつも誰かの期待に応えている気がする
□自分はちょっと不器用なところがあると思う
□肩の力の抜き方がわからない

周りからすれば「いい女」で人生が順風満帆そうに見える。

けれど、自分の心の中ではなぜか生きにくさを抱えている。

こうした女性は、実はたくさんいらっしゃいます。

20年ほどカウンセリングを続けていくなかでわかったことがあります。

自分の人生がなんだかしっくりこないと感じる原因は、心に不必要な分厚い「メイク」をしてしまっているからなのでは……と考えるようになりました。

多くの女性は、心が「すっぴん」でも十分美しいし、もっとその美しさを引き立てるメイクもできるのに、ちょっと無理して頑張りすぎてしまっている……。多くのクライアントさんたちとお話ししていく中で、そう気付いたのです。

本書では、そんな女性が「自分らしく生きる心のトレーニング」をご紹介していきます。トレーニングといっても、つらいダイエットのような、厳しく難しいものは何もありません。

ここまで読んでくださったあなたは、おそらく今の自分に何か新しいものを〝足す〟

必要があると思われているかもしれません。

でも、それは違います。

あなたに本当に必要なのは、長年にわたって施してきてしまった自分らしくない「心のメイク」を落としていくことなのです。

あなたは今のままでも十分魅力的ですし、必要なものはすべて持っています。

むしろ、たくさんありすぎて、それらが隠れてしまっているのです。

だから、「心のメイク」を落としていくだけで、殻をむいたゆで卵のようにツルンとした、美しい自分が表れます。

今からクライアントさんたちの様々な事例を通じて、肩の力を抜いて本来の輝きを発揮できる考え方・あり方・やり方をお話しします。

「なーんだ、今のままで大丈夫じゃん」

最後まで読み切った時、そう心から思えたら、あなたはもう本当に大丈夫です。

２０２０年2月　根本裕幸

Contents

Chapter 2

「すっぴん」の心は、強く、満たされる

Contents

Chapter 3

「メイク」を落とし、「すっぴん」の心を認める

Contents

Chapter 4

「女性の楽しさ」を素直に受け取る

Chapter 5

「すっぴん」の心がもたらす自由な未来

Contents

Chapter 1

心に分厚い「メイク」、していませんか？

「高い理想へ背伸び」「たくさん抱えて手いっぱい」「自由がいいのにがんじがらめ」……最近、本当の自分を見失っていませんか？　本章では、心の「メイク」について11のエピソードとその理由をご紹介します。

高いプライドで見栄を張ってしまう

競争心

超有名企業でバリバリ働いているMさんが、ある日、行き詰まったような表情で私のセッションルームにお越しになりました。

「親は世間体をけっこう気にする人たちで、私は厳しく育てられたと思います。成績もそれなりに良かったものですから、高校も大学もけっこういいところに進みました。そのまま名の通った会社に就職することもできましたし。

ただ、逆にそれがプレッシャーになってしまい、いつも背伸びをしているんじゃないかって、疲れてしまったんです。いつしか先が見えなくなり、**『いつまで頑張れば楽になれるんだろう？』**とか考えるようになって、それこそ、10年後のこととかを考えると、暗い未来のように思えて不安なんです。

私も親に似て周りの目をすごく気にしていて、『よく思われたい』という気持ちがすごく強いんだと思います。プライドが高いっていうんでしょうか……。

だから、人前で弱いところをさらけ出したり、羽目を外したりできないんです。

人からバカにされるような、見下されるような態度をとられるとついカッとなって、上司に対しても反抗しちゃいます。

恋人ができても、だんだん口論が多くなって最後はケンカ別れになるので、いまだに結婚できません（笑）」


ご自身の状況や心境を、姿勢よく理路整然とお話しされるMさんはとても凛々しく、いかにも「仕事ができるスーパーウーマン」という雰囲気です。

「味方にすると心強いですが、敵に回したらめんどくさそうですね！」

私がわざと冗談を言ってみても、

「ええ、敵とみなしたら徹底的にやっつけますよ！」

とノリの良い性格でもあります。事実、その能力とキャラクターで女子たちにとっては憧れの先輩となり、男性陣からも頼られる、人望の厚さも兼ね備えていました。本当に非の打ちどころのない女性です。

Mさんの告白にもあるように、彼女は「人からどう思われるか？」ということを幼少期からすごく意識されてきました。

元々、世間体を気にするところがある日本には、どんな人にも大なり小なりその傾向はあります。

ただし、それがより強くなってしまうと、「プライドが高い」「見栄っ張り」になって、常に背伸びをして「ええかっこ」をして生きるようになります。

彼女の場合、いわばずっとエリートコースで日の当たる道を歩いてきました。それはすなわち「挫折」という経験をあまりしていないことを表します。

そうすると、ある意味ではずっと成功し続けてきたわけですから、失敗することや負けることが異常に怖くなります。

勝ち続けるということは同時に、自分以外の敗北者を目の当たりにし続けることと同じです。

自分以外の人たちの姿やその後の人生などを知れば知るほど、負けることへの怖れは強烈なものになるでしょう。

それが「強い競争心」に拍車をかけて、ますます彼女を苦しめているのです。


プライドの高さからの、強い競争心。

これが、彼女が自分に施した「メイク」の正体でした。

その「メイク」は、自分を守ってくれる防具の役割を示す一方で、常に自分自身に強大なプレッシャーを与える重荷にもなります。

それゆえ、彼女は生きにくさを感じることになりました。

その壁を崩し、「すっぴん」になることが彼女に求められる課題なのです。

期待

ずっと人の期待に応えて生きてきた

国家資格を持ってバリバリ仕事をこなす30代半ばのHさん。仕事は順調なのに、男女関係はうまくいかず、バツイチで、その後もなかなか恋愛はうまくいきません。

彼女はこんな告白をしてくださいました。

「本当は自信もないし、みんなが思うほど仕事もできないのに、なぜか周りの人は私のことをすごく評価してくれるんです。ありがたいことなんですが、いつも心の中で『私はそんなにすごくないのに!』って思ってしまいます。

私が自分の価値をわかってないだけなのでしょうか?

子どもの頃から周りにすごく期待されて育ってきたと思います。親は学歴コンプレックスがあったので、私と妹をいい学校に入れようと必死でしたし、私たちもそれに応えてきました。学校では先生から、職場では上司や周りの人から時には過剰なほど期待をかけられて、何とかそれに応えようと頑張ってきたつもりです。

今でも人に会うと相手が何を望んでいるのかを最初に考えてしまいます。

恋愛でも同じで、**『期待通りの女でいなきゃ』**と思ってしまい、だんだん会うことも億劫《おっくう》になってしまうのです。1度結婚しましたが、夫の期待に応え続けるのが本当につらくなってしまって、わずか2年で離婚してしまいました……」

彼女とお話をしていると、とても頭の回転の速い、聡明な女性であることはすぐにわかります。

コミュニケーション能力もとても高く、相手の気持ちを汲《く》んで話をすることに長けていますから、「そりゃあ、周りの人は彼女に期待してしまうだろうな」と思います。

「非の打ちどころのない人と、周りから言われたことは？」という質問に、「自分で言うのは嫌なんですが何度か……。抜けてるところも多いですし、私はそんな完璧じゃないんですけど……」と答えられました。

親や周りの人は誰もが子どもに期待をすると同時に、子どももその期待に応えようと一生懸命頑張ります。この本を読んでいるあなたも「誰からも期待されない」というのは寂しいと感じることがあるでしょう?

しかし、周りの期待に十分応えられないことがわかってくると、本人はある種の挫折感を抱きます。

そして、「周りの目を気にするのではなく、自分らしい生き方をしたい」と思うようになります。

それが思春期の「反抗期」として、親や周りに反発する機会となって表れるのです。

ところが、**能力がとても高い人は、周りの期待に応え続けて大人になります。**

前項のMさんにも似たようなところがあるのですが、今回のHさんはそれがより顕著なパターンでした。

そうすると、常に人からの期待を背負って生きることになりますから、それはかなりの重荷となって彼女の心を縛り付けます。

自分が望むことよりも、周りが望むことを優先することが当たり前になりますから、いつしか自分の思いがわからなくなります。

「どうしたいですか?」という質問を私はよくさせていただくのですが、Hさんはそ

の質問が一番苦手だとおっしゃっていました。

自分がどうしたいのかがわからなくなってしまっているのです。

彼女が自分に施した分厚いメイクの正体、それは「期待に応え続ける」というものでした。

人から必要とされるためには、愛されるためには、期待に応えなければならない、というプレッシャーの中を彼女は生き続けてきたのです。

30代も半ばに差し掛かるまでそんな生き方をされてきたわけですから、そのストレスたるやすさまじい重さだったでしょう。

だから、人から寄せられる期待の波を一旦ブロックして、改めて自分の心を見つめていくことが彼女のテーマとなりました。

気付けば「大丈夫」と言ってしまう

強がり

Rさんとお話しする時は「あ、また『大丈夫です』って言ったね？」と揚げ足取りのようなカウンセリングになることが多いんです。

「大丈夫です」は彼女の口癖です。

けれども、その言葉が彼女を苦しめることになっていました。

例えば、上司に「その仕事、ちょっと大変じゃない？」と言われても、「いいえ、大丈夫です」と答えます。

同僚から「この資料、今日中に何とかまとめないとまずいんだけど、手伝ってもらえない？ でも、今、忙しいよね？」と言われたら「大丈夫！ 手伝うよ」と力を貸します。

恋人との久しぶりのデートを楽しみにしていたら、前夜に「ごめん、明日、急に出社しなきゃいけなくなっちゃって。ほんとごめん」と連絡が。ショックを隠して彼女は「大丈夫だから！　お仕事頑張ってね！」と返信します。

カウンセラーの私から「なんかいっぱいいっぱいで、全然余裕がないみたいだよね」と言われても、**「いえ、大丈夫です。頑張りますから、何か宿題を出してください」**と答えます。

本当に「大丈夫」ならいいのですが、カウンセラーの視点から見ると全然大丈夫そうではありません。

Rさんのお話を聞いていると、とても心優しく、人の気持ちを考える性格であることがわかってきました。

別に格好をつけて「大丈夫！」と言っているわけではありません。

「周りの人に心配をかけたくない」

「みんなに余計な負担をかけたくない」

そんな頼もしい思いがRさんの言葉につながっています。

だからこそ、彼女は周りの人から本当に信頼されています。

上司からも「君がいてくれたおかげで、本当に助かってるよ」と半期ごとの面談のたびに言われ、他部署からも「仕事でわからないことがあれば、Rさんに聞けばいい」というほどでした。

彼女は共働きの両親のもと、一人っ子として育ちました。二人とも優しい人たちでしたが、お母さんは仕事に家事にいつも忙しそうにしていましたし、お父さんは毎晩残業続きで家のことまでは手が回りませんでした。

そんな環境ですから、まさに家族全員が「孤軍奮闘」状態だったのです。

彼女も学校でつらいことがあっても、進路に悩んでも、怪我をしても、「お母さん、お父さんに心配をかけちゃいけない」とひとりで何とかすることが当たり前でした。

その頃から「大丈夫、大丈夫。これくらい平気、平気」って自分に言い聞かせてきたそうです。

そして、寂しそうな顔をすると両親が心配します。

だから、いつもニコニコ笑顔でいることを心がけていたのです。

そのうちその笑顔が板についてしまい、つらくても、悲しくても、それを表すことができなくなってしまいました。話を聞きながらこちらが切ない気持ちになってくるほどでした。

彼女は「大丈夫！」と精一杯強がる「メイク」をして今日まで生きてきたのです。

悲しい顔をしそうになっても、その「メイク」のお陰で、いつも笑顔でいられました。

しかし、だんだんその生き方は苦しくなってきたのですね。

素直に自分の気持ちを認める。

これが彼女のテーマになっていくのでした。

「ちゃんとしなきゃ」といつも思っている

カウンセリングに通ってくださっていたAさんは、私が「〝ちゃんと教〟の熱心な信者だね〜」とイジるほどに、「ちゃんとしなきゃ」といつも思っている方でした。

Aさんは、周りから見れば素敵な女性なのに、まったく自信が持てないようで、「自分はとてもいい加減で、だらしない人間なんです。だから、気を張ってちゃんとしてなきゃ、周りの人に迷惑をかけてしまいます」

そんな風に、自らに〝呪い〟をかけていたのです。

彼女には頭の回転が速く、何でもテキパキとこなす2歳上の姉がいて、お母さんなどから常に比較されて育ってきました。

「お姉ちゃんは学校から帰ってきたらすぐに宿題をやるのに、あんたはいつもだらだらして。さっさとやりなさい！」

「お姉ちゃんの部屋はいつもきちんと整理整頓されてるのに、あんたの部屋は足の踏み場もないじゃない。そんなんじゃお嫁に行けないよ」

こんな風に、何かしら姉と比較されて、否定されてきたのです。

それで彼女は**「私は全然ちゃんとしてない、もっとちゃんとしなきゃダメだ」**と自分にいつも言い聞かせるようになっていたのです。

そのお陰か、セミナーやカウンセリング中に取られるメモもきちんとわかりやすくまとめられていますし、身だしなみやお化粧も完璧な上に姿勢もよく、凛とした美しい女性です。

だから、彼女が自分に自信を持てなかったり、だらしのないところがあるなどとはパッと見た限りではわかりませんでした。

ただ、彼女はいわゆる天然キャラのような、ちょっと抜けているところがあって、何かと失敗をやってしまいます。

それを周りの友達や職場の仲間たちは面白がって笑うのですが、彼女はそのたびに惨めで、つらい思いをするというのです。

彼女の天然なところは周りから見れば「愛されポイント」なのですが、彼女にとっては欠点で、すごく恥ずかしいことだと思っていたのです。

また、彼女はお姉ちゃんと比較されたことからその傾向が強まったので、「競争心」という「メイク」も入っていますね。

周りからすれば「ちゃんとしている」にもかかわらず、かつての母の言葉や、時々しでかす失敗によって、プラスの面を受け取れず、「もっとちゃんとしなきゃ」と自分の首を絞め続けていたのです。

彼女は「完璧主義」という「メイク」をしていました。

何でもちゃんとしていなきゃ気が済まなくて、少しでもダメなところがあると強烈に自分を否定してしまうのです。

だから、彼女にとっては「ちゃんとしなくても愛されている」「ダメな自分でも受け入れられる」という新しい考え方を採り入れる必要がありました。

「自己肯定感」という言葉で言われるものですが、それを持つためには、ありのままの自分をただ受け入れることです。

「ありのまま」というのは、もちろん長所も短所も、できているところもできていないところも、そのすべてを許すことが自分に求められます。

そうしたカウンセリングの方向性を確認しながら、彼女とのセッションは始まっていきました。

自分のやりたいことより「誰かのため」

犠牲

お母さんが精神的に弱く、いつもその相談相手になり、一方では妹や弟の面倒も見てきたKさん。

幼い頃から一人で何でもこなし、かつ、お母さんを支える「母の母」役を担ってきたのでした。まさにしっかり者の長女で、近所でも評判の「よくできたお姉ちゃん」になっていたのです。

しかし、彼女の中の優先順位は、「①お母さん　②弟や妹　③お父さん　④自分」となっていて、常に自分を後回し。いつも家族のために自分を犠牲にしてきたのです。

それは大人になっても変わりませんでした。

進学や就職に関しても、お母さんが不安がるので家から通える場所にしました。

Kさんの旦那さんは地元の同級生で、彼から熱烈にプロポーズしてくれたこと、結婚後も実家からそれほど離れなくても良いことが結婚を決めた理由でした。

妹や弟は高校を卒業すると東京や大阪に出ていってしまい、その後も自由に生きています。

そんなきょうだいたちを見て嬉しい気持ちになる半面、心の中には暗く、重たいものがずっとありました。

Kさんは、本当は羨ましかったのです。

しかも、旦那さんはかなり自分勝手なタイプで、彼女の気持ちなど考えず、また、相談相手になってくれるような人ではありませんでした。そこでも彼女はじっと我慢して過ごしていたのです。

しかし、だんだん我慢する生活はもう耐えられなくなり、離婚を考えるようになります。

そのことをお母さんに相談すると、

「ちゃんと仕事もしてくれているし、申し分ない人じゃないの。男の人はみんなそうなの。何をわがまま言ってるの？　我慢しなさい」

と諭《さと》され、彼女の心はますます行き詰まってしまいました。

「根本さんの本やブログを読むうちに、自分が今までお母さんや旦那さんにずっと縛られて生きてきたことに気付いたのです。

もう自分を犠牲にして生きるのは苦しいです。もっと自由になりたいです」

初めてお会いした日、彼女は涙ながらに語ったのでした。

彼女は誰かのために自分を押し殺す「犠牲」という「メイク」を自分に施していました。

その「メイク」があまりに馴染んでしまったので、本当の「素顔」を忘れてしまっていました。

しかし、彼女は多くの価値あることをしてきたことに間違いありません。

まずはそんな自分を承認するところからプロセスを始めていきました。

つい人に流されてしまう

アイデンティティ喪失

Nさんは「ちゃんと話せるか不安なので」と前置きして、用意したメモを見ながらこんな話をしてくださいました。

「子どもの頃から自分の意見というものがあまりなく、いつも周りに流される人生だったように思います。

その場その場で楽しんできたつもりで、後悔はあまりないんです。

ただ、先日、上司との面談で『これからどうするつもりか考えておいてくれ』と言われ、なぜか頭が真っ白になってしまったんです。

勤務している会社は30歳を越えたあたりで仕事の質が大きく変わると言われていて、結婚や出産の予定がなければ、責任のある仕事を任されて集中することになります。そうなると5年くらいは結婚できなくなるので、それを見越して上司は私に聞いてくれたと思うのです。

でも、**昔から特に「どうしたい、こうしたい」というのが本当にないんです。**

彼氏にそのことを相談してみたら『今まで仕事を頑張ってきたんだから、その話も受けてみればいいじゃん』って。付き合って4年になるので、そろそろ結婚のことも考えてくれているのかな……と期待してたんですけど（笑）。見事に裏切られてしまいました。

何気に彼のその言葉がショックでした。

でも、だからといって上司にはまだちゃんと返事ができていないんです」

Nさんは某大手商社に勤めていて、海外転勤の可能性を含む異動の話がありました。子ども時代は、お父さんの仕事の都合でアメリカで生活していたこともあり、語学は堪能《たんのう》、海外に暮らすことも難しくはありませんでした。

けれども、恋人を置いてまで転勤したいかどうかは、彼女も判断できませんでした。お話を伺っていけば、Nさんのお母さんは過干渉なタイプで、常に彼女を自分のもののようにコントロールしてきました。特に幼少期は慣れない海外での子育てのストレスから、彼女や妹にひどく当たることもあったそうです。

そんなNさんはすっかりお母さんのいいなりになる「いい子」となり、手のかからない子として成長していきました。

さらに、**「毎日のように反抗期の妹と母が激しく口論するのを仲裁するのが彼女の役割になっていたので、反抗期が全然なかった」**と言います。

それで、気が付けば自分がない、つまり、アイデンティティを喪失している状態になっていたのです。

彼女は自分に能面のような表情のない「メイク」を施してしまっていました。

自分の個性をすべて消すような、そんな状態で生きてきたのです。

「そういう環境に育ったならば、自分の意見を持つことは難しいよね」という話を伝えつつ、本来の自分を取り戻すプロセスに取り組んでいくことにしました。

罪悪感

全部ひとりで抱え込んでしまう

「お前はいつもひとりで抱え込み過ぎ」と上司からも旦那さんからも指摘されるYさん。

自分ではそんなつもりはないのですが、気が付くと仕事が山積みになっていて、職場を出るのが最後になることもしばしば。

それでいながらも家事も完璧にこなそうと、家に帰ってからも食事の準備に洗濯とせわしなく動き回っています。

仕事も自分の範疇《はんちゅう》だけでなく、同僚や別の部署からの頼まれごとも全部引き受けているせいで、いつもオーバーワークになってしまいます。気付くと定時が過ぎてからようやく自分の仕事に取り掛かる日もあるとか。それでいつも彼女は疲れていました。

そんな風に重たい荷物を背負って生きるような姿は、周りから見れば頼れる存在である一方、痛々しく映ることもあるのでしょう。

特に旦那さんからは「俺だって家事くらいできるんだから、少しは任せてくれよ。ちょっとは休めよ」と言われます。

ですが、Yさんは、家のことは妻がやるべきだと思っている上に、

「仕事もそうなんですけど、何をどう頼んだらいいかがわからなくて……。旦那にお願いするくらいだったら自分がやるほうが早いですから」

といって抱えてしまうそうです。

そんな〝抱え込み症候群〟な彼女の心理には、ぱっと見ただけではわからない感情が影響をしていました。

それは「罪悪感」です。

彼女は自分の心を、分厚い「罪悪感」という「メイク」で覆ってしまっていたのです。

Yさんは「自分は人にとって迷惑な存在じゃないか？」という思いをいつも抱えていました。

幼少期のことを伺っていくと、両親や親戚はいつも優秀で見た目もいい兄ばかりを

かわいがり、彼女は「おまけ」みたいに扱われていたそうです。

いつしか「自分なんていなくても構わないんじゃないか？」という悲しい思いを抱くようになり、時には道化になってみんなを笑わせ、時には家のお手伝いをし、必死に自分の存在を認めてもらえるように頑張ってきました。

しかし、ずっと出来の良いお兄さんばかりがもてはやされ、彼女は寂しい思いを抱えて成長します。

そんなとき、父親が経営していた会社が傾き、それまで専業主婦をしていたお母さんまで働きに出るようになります。

それまで優しく、明るかったお母さんの表情が暗くなってきて「子どもを二人も育てるのって、本当に大変」と愚痴をこぼすことが増えてきました。

それでもお兄さんは学業も優秀な上、親戚などの支援もあって東京の大学に進学します。

しかし、彼女は「Yを大学に入れる余裕はもうないから高校を出たら就職してくれ」と言われてしまいます。彼女はその時「それなら兄だって、地元の国立大学に行けばよかったのに。なんで私ばっかり」とまたショックを受けてしまうのです。

「私なんていないほうがいいんだ」という思いと、「私がいると迷惑なんだ」という思いが、彼女を苦しめるようになっていました。

その感情もまた「罪悪感」というのです。

「私は迷惑な存在だ」と思うと、それだけで一緒にいる人に申し訳ない気持ちになるので、人はそこで「補償行為」をするようになります。

文字通り、罪を償い、補う行為です。

もちろん、彼女は何も間違ったことはしていませんが、そんな思い込みを持ってしまったのです。

それで、何でもひとりで抱え込み、何でもひとりで頑張る生き方になってしまったのです。

自分は取り柄がないと思っている

無価値感

「人に頼むと自分に能力がないと認めるようで抵抗がある」
「元々そんなに能力が高くないから、いつも頑張っていないと不安になる」
「嫌な仕事も断ったら次がなくなるから引き受ける」
「相手の望む結果を出さないと次はない、というプレッシャーがある」
「合わない人とも我慢して付き合わないと、自分なんか相手にされない」

こんな思いを抱え、常に頑張ってきたSさん。

フリーのウェブデザイナーとして休みなく仕事をこなしていますが、報酬は相場よりもずっと安い金額で請け負っているので、時々水商売で生活費を補っています。

恋愛でも同じような思いから自分に魅力がないと感じていて、既婚者や彼女のいる人とばかり付き合ったり、彼女を都合よく扱う人に振り回されていたり、いつも報われない恋を繰り返していました。

私とお会いした時には、すっかり燃え尽きてしまっていました。

彼女の実家は夫婦で料理屋さんをしていて、いつも忙しくしていたそうです。夜はお店の営業がありますから、彼女は妹と二人で過ごすことが多く、家族での思い出はほとんどありません。まるで小さな母親のように幼い妹の面倒を見てきたそうです。

仕事で疲れていた両親は家に帰るなり愚痴や文句ばかり。**親から褒められたことも愛情深い言葉も記憶にありませんでした。**

そして、いつしか彼女は自分には何ら価値がなく、人から愛される存在ではないんじゃないか、と思うようになっていました。

だから、思春期に入ると早く手に職をつけて家を出たいとばかり考えていて、高校卒業後は専門学校でウェブデザインを学び、就職先は実家から離れた大阪の会社を選びました。

しかし、「自分なんていないほうがいい」「自分には愛される価値がない」という思いはずっと心の中にあるため、会社でも猛烈に働いて、ほとんど休みをとらない生活をしていました。

さらに社長が計画性のない人でどんどん仕事を請け負ってしまうため、そのツケが彼女たち従業員に押しかかってきます。

だから、人の出入りは激しく、残った人で処理しきれない仕事を抱える毎日だったと言います。

でも、Sさんは「この会社を辞めても自分なんて雇ってくれる場所などない」と思い込んでいたので、歯を食いしばって毎晩遅くまで働いていました。

ですが、ある日、無理がたたって職場で倒れてしまいます。

実家を頼ることはできず、家で療養しながら会社から仕事を回してもらい、足りない生活費は水商売で補うようになったのです。

彼女は高校時代から不思議と男性との縁はありましたが、いつも何か問題のある人ばかりでした。就職先の社長とは不倫関係になり、その人との子を身ごもったこともあります。また、水商売で知り合った男性と何人も同時にお付き合いすることもありました。

全員ではありませんが、ほとんどの男性が彼女を都合よく扱い、そして、彼女はどんどん自信を失ってしまうのでした。

彼女は「私なんて何も価値がない」という「メイク」をしていました。

「自分に価値がないから、誰からも大事にされなくても当然」

そう心から思い込んでいました。

むしろ、そんな自分でも相手にしてもらえるだけマシと思い、例えば、深夜に泥酔した彼から呼び出されたときもタクシーに乗って会いに行ってしまうようなところがあったのです。

そんなSさんの誤解を解くべく、今までとは違う角度から彼女の人生に光を当てることにしました。

「私さえ我慢すれば……」と抑えがち

平和主義

面倒見のいいTさんは、職場でみんなから慕われています。後輩からの相談には夜遅くまで話を聴いてあげますし、誰かとトラブルになりそうになれば、一歩引いて相手の意見に合わせます。

あまり自分の考えや思いを主張することはせずに、その場の空気を読んで、周りに合わせてばかりだったのです。

「私さえ、我慢すれば丸く収まるんです」

そうした彼女の思いは苦しい面もある一方で、潤滑剤のような役割を果たすことができるので、色々な人に相談を持ち掛けられていたのです。

よくよく伺えば、彼女のお母さんがまさにそういうタイプだったそうで、お父さんにひたすら尽くし、理不尽なことが起きてもじっと我慢する人でした。

時には子どもよりもお父さんを優先するところもあって、彼女は寂しい思いをしてきました。

彼女はそんなお母さんに反発を覚えていて、自分はそんな風にはならないと誓い、手に職をつけるべく看護師になりました。

ですが、**気が付くと彼女もまたお母さんと同じく平和主義で、ひたすら我慢するような毎日を送るようになっていたのです。**

この本をお読みの方の中にも「私さえ我慢すれば」という思いを持っていらっしゃる方も少なくないと思います。

これは長らく日本の女性に押しつけられてきた習慣で、社会的、経済的に独立することが難しかったかつての日本では、当たり前の価値観のひとつでした。

そして、今でもその古い価値観を引きずってしまっている人は、決して少なくありません。

彼女は自分の主張や思い、考え方をすべて「平和主義」という「メイク」で押し隠し、周りの人たちの調整役としての人生を送っていたのでした。

Tさんの中には実は、強い「怒り」がありました。

表面的な平和主義を実践するためには、自分の思いを怒りで抑圧するしかなかったのです。

だから、そんな怒りに目を向けるところからカウンセリングを始めることにしたのです。

理想主義

頑張ることが当たり前

「まだまだ自分の頑張りが足りないんです。周りだってしんどい状況の中で頑張っているのだから、自分だってもっとちゃんとしなきゃいけないんです」

そう話してくれるEさん。

彼女は高校時代、体育会系のクラブで「鬼」と呼ばれるコーチのもと、猛練習に耐えてインターハイに出場した経験があるそうで、大学時代は学業とバイト、就職してからは仕事に全精力を傾けてきました。

常に高い理想を掲げ、それを達成するために必死に努力すること。それが正しいと思っていました。

そのお陰で職場でも早くからかなりの実績を上げ、若くしてマネージャーに昇格したのですが、部下や後輩ができたときに、彼女のその考え方は打ち砕かれることになります。

「Eさんのやり方には付いていけません」

「私はEさんほど頑張れません」

そんな風に部下から突き上げられるばかりでした。

挙句の果てには課長からも、

「もう少し温和なやり方はできないのか？」

と注意されることになったのです。

Eさんは常に**「こうあるべき。こうしなければならない」**という理想に強く縛られていました。
それを叶えるために常に頑張っているのですが、当然、その思いを部下や後輩にも押し付けることとなり、反発を招いてしまったのです。

それと同時に30代にさしかかると、長年の頑張りが体に出てきたのか、以前ほど体や気持ちに無理がきかなくなってきたことに焦りを覚えていました。「このままでは10年後どころか5年ももたないのではないか？」と漠然《ばくぜん》とした不安を抱えるようにもなってきました。

新しいやり方を学ぶべきだと頭ではわかっているのですが、長年染みついた理想を掲げて頑張る手法はなかなか改まりません。

Eさんはまさに「理想主義」という「メイク」をしっかり施していて、常に自分に鞭《むち》を打つ人生を送っていました。

肩の力を抜いて自然体な、「すっぴん」の彼女はどんな表情をしているのか？

そんな興味を抱きつつカウンセリングを始めていきました。

考えすぎて、どうすればいいかわからない

思考優位

婚活中のIさんが初めて相談にいらしてくれたとき、話を聴きなれている私が混乱してしまうほど、彼女の頭の中はこんがらがった状態でした。

「Aさんは仕事もちゃんとしていて、家族も大事にしてるんですが、でも、ちょっと無口というか、一緒にいても私が盛り上げないといけなくて疲れちゃうんです。優しくていい人なんですけど。Bさんは話が合うし、私のことも気に入ってくれています。けど、転職回数が気になって……。34歳で4社目って多くないですか？　私は転職したことがないので、ちょっと心配で。子どもを育てるとなるとやっぱり安定してほしいので。Cさんは公務員で生活は安定しているのですが、親御さんとの同居を希望していてちょっと荷が重いなあ、と。悪い人ではないし、もし親御さんと仲良くできた

らいいのかな、と思ってます。Dさんは……」

手元のノートを見ながら、Iさんはとうとうと話し始めました。

ああでもない、こうでもない。こちらを立てれば、あちらが立たず。彼女はずーっとそんなことを悩み続けていました。

「そんな風に考え過ぎちゃうことって、ほかでもあるよね？」と話題を振ると、「そうなんですよ。何かと心配性で、怖がりなので考え癖があるんです。それで全然決められなくて優柔不断になってしまって」と話してくれました。

友人からも、「考えすぎで、一緒にいて疲れる」と文句を言われますし、母親からも「もっとシンプルに物事を捉えなさい！」と注意されるようです。

彼女は子どもの頃から何かと怖がりで不安症なところがあったそうです。

一人でどこかに行くこともできず、いつもお母さんや4歳上の兄と一緒じゃないと外に出られませんでした。

なので、家の中で自分だけで遊ぶことが好きで、本を読んだり、空想をしたりして過ごしていたそうです。

それが中学になると、仲の良い友達が何人もでき、どちらかというと活発な部類に属するようになります。それまでとは真逆です。好きな人も現れたのですが、告白までには至らず、ずっと遠くから眺めているだけだったそうです。

その後も彼女のことを好きだと言ってくれる人も現れましたが、あれこれ考えすぎてちゃんと付き合うまでには至りませんでした。

考えすぎる癖は就職の際も現れました。景気が良くなってきた頃で売り手市場だったため、内定が出た複数の会社からなかなか一社を選べなかったのです。

最後は期限ぎりぎりにえいやっと決めてしまったそうで、今も正直、別の会社にしたら良かったんじゃないかと思うこともあるそうです。

そんな考えすぎる彼女は「思考優位」という「メイク」を厚く施して、本音や直感を封じ込めてしまっています。

Iさんのケースでは、直感で感じたこと、その感性を信頼していくことが、今後のテーマになっていきました。

Chapter 2

「すっぴん」の心は、強く、満たされる

本来、メイクは自分の魅力を引き立たせます。ですが、心の「メイク」はその人の魅力を隠し、まるで別人に……。本章ではその理由を深く掘り下げ、「メイク」をとった「すっぴん」の魅力についてお話しします。

「そのままじゃダメ」が、心に「メイク」をさせる

どんな人も、「すっぴん」の心で生きられたら楽なはずなのに、どうして分厚い「メイク」をしなければならなかったのか？

そもそも誰も好きで心に「メイク」をしているわけではありません。「すっぴん」に自信がある人はそんなに塗らなくてもいいわけですが、それだけ分厚い「メイク」をしてしまう裏側にあるのは「自信のなさ」なのです。

自分を信じられないということは、「すっぴん」のままではダメだ、という思いがあるわけです。

何がダメなのか。それには、「愛されない」「認められない」「必要とされない」「役に立てない」などの言葉が当てはまります。

例えば、次の「〇〇」に当てはまる言葉をいくつか思い浮かべてみてください。

「ありのままの私ではダメだ。なぜならば○○からだ」

この「○○」には「しっかりしていない」「だらしない」「能力がない」「かわいくない」「ちゃんとしていない」「頑張らないと愛されない」「そんなに魅力的じゃない」「全然いいところがない」「無力だ」など、自己嫌悪の言葉が入ってくるはずです。

では、なぜそんな「○○」だと思い込むようになったのでしょう?

その背景には、「過去の体験」があります。

赤ちゃんの多くは、誰に気を遣うことなく自分を主張しています。

しかし、成長するにしたがって「人間関係」が生まれてきます。はじめは両親との関係から、そこにきょうだいや祖父母などの家族関係が築かれます。

「無邪気にありのままでいたら親から怒られた」「お姉ちゃんに意地悪された」「おばあちゃんから注意された」などの経験を誰もが積んでいきます。

もちろん、それは子どもを危険な目に遭わせない大人たちの配慮があったのかもしれませんが、幼い頃は理解できません。

さらには、きょうだい間では、嫉妬されることだってあります。「弟ばっかりかわいがってもらってずるい」「お姉ちゃんばっかり特別扱いされて羨ましい」という気持ちで、つい意地悪をしてしまうことだってあるでしょう。2〜3歳になってくると本格的なしつけも始まってきます。

徐々に自我が目覚めてくると「親を助けたい、親の力になりたい」という気持ちも目覚めてきます。

ところが、幼い子どもは無力で、そういう思いを叶えることはできません。

そうすると、「自分には力がないんだ」と無力感や罪悪感を覚え始めることもあるのです。

特に、両親がケンカばかりしていたり、肉体的・精神的に弱かったりすると、この無力感を強く感じやすくなります。なかには「自分の存在なんて迷惑じゃないか？　生まれてこなきゃよかったんじゃないか？」ということを感じ始める敏感な子もいます。

「ありのままでは愛されない、認められない」ということを学習してしまいます。

もちろんそれは誤解ですが、本人はとてもそんな風には思えません。

そして、**子どもたちは「こうすれば愛される」「こんな自分なら認めてもらえる」「こうしたらお父さん、お母さんを助けられる」という方法を探るようになります。**

ある人は「いい子」になって親の言う通りにします。

ある人は「お姉さん」になって弟や妹の面倒を見ます。

ある人は「優等生」になって親の誇りになろうとします。

ある人は「自立」して親に心配や迷惑をかけないようにします。

ある人は「ピエロ」になって家族を笑わせようとします。

「すっぴん」では愛されないと思い込んだ子どもたちは、自然と心に「メイク」を施すようになるのです。

子ども時代に自分はどんな思いを抱えて過ごしていたのかを、チャプター1で紹介した様々な事例のように想像してみてください。

たとえ記憶になくても、自分の両親やきょうだいの性格から推測できます。

「メイク」は傷ついた心を守るため

心にメイクを施すようになったのは「こんな自分ではダメだ」と思ったからだけではありません。

幼稚園・保育園、小学校など、社会的な関係が広がっていくと、さらに様々な場面で「心が傷つく」という体験をしていきます。

「○○ちゃんに嫌いって言われた」
「何もしていないのに先生から怒られた」
「自分ではそんなつもりはなかったのに友達を泣かしちゃった」
「保育園に行きたくなかったのに無理やり連れていかれた」
「お友達の中で自分だけいつも浮いていた」

こうしたことは誰もが経験しているかと思います。もちろんそれによってできた傷も、フォローがあったり、誰かが抱きしめてくれたり、褒めてくれたり、謝ってくれたりしたら癒されます。

しかし、学校でつらいことがあったときに慰めてほしくてお母さんに話したとき、「それはあなたが悪いじゃないの」と冷たく言われたらどうでしょうか。

「そうか、私が悪いんだ。私のせいなんだ」

とさらに傷つくのと同時に、

「私には誰も味方がいない」

と考えるようになってしまいます。

子どもがいじめに遭い、助けを求めた先のお母さんがパニックになってしまうケースでは、子どもはつらい気持ちを一人で抱え込むしかありません。「誰にも言っちゃいけないんだ」と思い込むようにもなってしまいます。

お母さんに喜んでほしくてお手伝いをしたのに、ちゃんとできなくて怒られたなら「お母さんを全然助けられない」と思ってしまうでしょう。

テストでいい点を取っても「それくらいまぐれよ」「それくらいで調子に乗るな」とか「次もまたいい点を取りなさい」と褒められることなく、厳しい態度をとられたらすごく傷つきますよね？

「全部私が悪いんだ。私のせいなんだ」

「味方がいないんだから、一人で何とかしなきゃいけない」

「誰にも頼っちゃいけないんだ。もしいても、頼ると迷惑をかけてしまうんだ」

「もっともっと頑張らなきゃ認めてもらえないんだ」

という風に、自分の傷を守るためにその「メイク」をするようになります。

とても苦しい選択なのですが、そう思うことで、それ以上傷つかずに済むようになるのです。

子どもの頃に隠してしまった「ダメな自分」

心の「メイク」は思春期以降、さらに色濃くなっていきます。

思春期は多感な時、他人の目が気になり始め、人と自分を比べることも多くなります。親子関係も引き続き影響を与えますが、それ以上に、友達との関係が大きく影響を与えます。

例えば、いじめは心に大きな傷を与えます。悪口、陰口を言われたり、露骨に無視されたり、モノを隠されたり、壊されたり。すると、当然、ひどい心の傷になります。見て見ぬふりをする大人もいますし、女の子同士の場合は、大人の目の届かないところで行われるいじめもたくさんあります。

そうすると私たちは「いじめられないように行動する」という癖がついてしまいます。ありのままの自分でいるよりも、「嫌われないようにどうすればいいのか？」を考えるようになるのです。

幼い頃はすごく元気で明るい子が、いじめられないようにおとなしく、暗い子になっていきます。「自分を出したら嫌われる、いじめられる」という怖れが「大人しい子」という心の「メイク」を施させるのです。

思春期は恋に芽生える頃で、異性の存在を強く意識するようになります。かわいい子はもてはやされる一方で、同性からの嫉妬の対象になります。その嫉妬をかわすために、自分を隠してしまう子もたくさんいます。

そうでない子は自分の外見にコンプレックスを持つようになり、面白いキャラを作ったり、「自分なんか男の子には見向きもされない」と考えて引きこもったりします。

ただ、恋に憧れはずっとありますから、「男の子からどうしたら好きになってもらえるか?」を研究し、自分のダメなところを探して直そうとしたり、隠そうとしたりもするのです。

そうして、心に分厚い「メイク」を施して何とか男の子の気を引こうとするのです。

皆さんは小学校~中学校といった思春期の頃、どんな風に過ごしてきたかを思い出してみてください。

どんな風に周りの人の目を気にし、異性を意識してきたのか？

その結果、どんな心の「メイク」を自分に施すようになったのか？

実はこの頃までに施した「メイク」はその後、大人になっても生き続けます。

もうすっかり過去のことで、そのできごとは忘れていても、その「メイク」だけは残り続けるのです。

以前、ある女性が「人を信じられない」というテーマでカウンセリングにいらっしゃいました。

彼女は高校時代、何でも話ができる親友がいました。学校のこと、家のこと、そして、好きな男の子のこと、毎日二人でたくさんおしゃべりしました。

しかし、その友達は彼女の知らないところで、彼女の秘密をみんなにバラしていたのです。

ショックで彼女は学校に行けなくなり、その後、誰のことも信じられなくなってしまいました。

「あんなにつらい思いをするくらいならば、もう誰とも仲良くならなければいい」という「メイク」を、彼女は自分に施していたのです。

その後、彼女のその対人不信は何度かのカウンセリングによって緩和されていき、もう一度人を信じられるようになっていきましたが、大人になっても彼女を苦しめる心の「メイク」は続いていたのです。

人より早く自立してしまっただけ

さて、みなさんは次のような体験をしたことはありませんか？

□お母さんが精神的に弱く、頼られていた
□幼少期、両親が家を不在にすることが多かった
□「お姉ちゃんなんだから」とよく言われていた
□母がシングルマザーで、子どもの頃から家の手伝いをしていた
□大人に囲まれて育ち、子どもらしく過ごすことがあまりなかった
□両親がケンカばかりしていて、その間に入ることが多かった

該当する項目がある人は「子ども時代に子どもがちゃんとできずに、早くに自立するほかなかったんだね」というケースに当てはまる可能性が高いです。

チャプター1の例でいえば、少なくともMさん、Hさん、Rさん、Kさん、Tさんなどがまさにそうです。

自立が早いのは、ある面では長所になります。早くから一人で何でもこなせるようになりますし、他人からの信頼も得やすくなります。

しかし、**「子ども時代に子どもらしいことをしていない」ということは、満たされていない思いがたくさんあることを示唆《しさ》しています。**

「甘えることが苦手」
「人を頼れない」
「自分の気持ちを表現することが苦手」
「羽目を外せない」

などの思いを抱えている人は、心の中にそうした「満たされなかった子ども時代」を今も抱えています。

早くに自立したということは、「子どもでいることが許されなかった」とも言い換えられるでしょう。

早くからありのままの自分を隠すための心の「メイク」を施してきたと言えるのです。

その「メイク」は歴史が長い分だけ分厚くなってしまいます。

この項目のチェックリストに当てはまる人は、自分の中に生きられなかったもう一人の自分がいる思ってみてもいいでしょう。

ただし、それは決してネガティブなことではありません。

むしろ、大きな可能性を秘めた自分が心の中にいるという証《あかし》でもあり、私はそれを**「ダイヤモンドの原石」**とたとえています。

だから、決して落ち込む必要はありません。

あなたの中にはしっかりとダイヤの原石があり、それは「メイク」を落とせば自然と現れるものなのです。

心の「メイク」で、周りとうまくやれるけど……

心の「メイク」が邪魔だと思っているのに、それが手放せないのはなぜでしょうか？

実際に顔のメイクがうまくなればなるほど、すっぴんの顔が嫌いになったりしていませんか？

メイクをばっちりして「きれい」「かわいい」と周りから言われれば言われるほど、人前ですっぴんを晒《さら》しにくくなりませんか？

心も全く同じです。

本来の自分を隠すため、あるいは守るために施した心の「メイク」に慣れてしまうと、裏側の「すっぴん」の自分がますます嫌いになってしまうものです。

「こんな自分ではダメ」「ありのままの自分では愛されない」「このままじゃ役に立てない」という自己嫌悪・自己否定がベースになって「メイク」をするようになったの

ですから、当然と言えば当然です。

心の「メイク」をする期間が長くなればなるほど、ずっと自己嫌悪・自己否定を続けていることになります。しかも、その部分はふだん目が届かないので、自分でも素顔がわからなくなってしまいます。

すると、その自己嫌悪はどんどん強くなってしまうのです。

そうして、ますます「すっぴん」に戻ることが怖くなり、時には、今の「メイク」をした自分が本来の自分であるかのように思ってしまうのです。

例えば、チャプター1のMさんはプライドという「メイク」をしていますが、それによって周りとの競争に勝ち、今の立場を手に入れることができました。

期待に応え続ける「メイク」によってHさんは国家資格も取れ、仕事上は成功を収めていますし、「大丈夫!」が口癖のRさんは、お陰で職場の人たちから必要とされる存在になりました。

「メイク」をすることは、作り物の自分で生きることになって苦しみや問題を招く一方で、それなりの成功体験を与えてくれることも多いものです。

もし、「メイク」を落とすことによって今の地位や人間関係、周りからの信頼を失うとしたらどうでしょうか？
とても手放せなくなりますよね？

心に分厚い「メイク」をした生き方が苦しいとわかっていても、それを手放すことへの怖れもまた強くなります。

前項で紹介した「早くに自立した人たち」などは、分厚い「メイク」に守られてきた時間がとても長いわけですから、なおさら手放すなんて想像できないかもしれません。

すると**「わかってはいるけれど、手放したくない」という葛藤が生まれます。**

特に現在、社会的、経済的に成功している方ほど、「メイク」への執着は強くなります。

しかし、それは本来の自分らしい生き方とはかけ離れているために、大きな問題や生きにくさとして現れてきます。

今の生き方が苦しいなら、心の「メイク」の落とし時

当然ながら心の「メイク」は、ダメな自分を隠すための、そして傷から自分を守るための作り物です。

だから「防衛的」かつ「論理的」に作られたものが多く、自分の本当の気持ちとは真逆の形で現れます。

友達に裏切られて、もう人を信じないたくない「メイク」を施した女性は、本当は人のことを信じたいのです。しかし、深く傷ついた経験から、その「メイク」で自分の心を守るしかないのです。

だから、人を信じない生き方は、その女性を本当の意味で幸せにしないどころか、むしろ苦しい状況を作り出してしまうのです。

チャプター1で紹介した11名の女性も、「メイク」をしている姿が本当の自分かと問

われると答えは「ノー」でしょう。

つまり、**本音で生きられてはいないのです。**

チャプター1の完璧主義だったAさんは、本当は天然キャラです。でも、そんな自分を受け入れられず、どんどん「ちゃんとしなきゃ」と考え、心の「メイク」を分厚く塗ってきました。それがある程度うまくいっている部分はあるものの、やはり本来の自分を隠し通すことはできません。

何かの折に天然さが現れてしまい、周りの人に笑われてしまうことになるのです。もちろん好意的な笑いですが、彼女はそれを受け入れられませんでした。

自己犠牲ばかりのKさんは、その生き方がどんどん苦しくなっていきました。「なんで私ばっかり」という思いが隠せなくなり、自由になりたい気持ちが抑えられなくなってきました。

アイデンティティを「メイク」で隠してしまってNさんも、人生の岐路に立った時に人生の選択ができなくなってしまいました。自分が本当にしたいことが「メイク」のお陰でわからなくなってしまったのです。

彼女たちが苦しみを感じているということは、もう「メイク」を落とす時期に来ていることを示しています。

「メイク」はある瞬間にはとても役立ちますが、その一方では大きな問題をもたらしてしまいます。

「メイク」をしたままの生き方では限界に来た人に、私は次のようなワークを提案します。

次の文章を声に出して読んでみるだけの、簡単なものです。

「私はもう限界です。
もうこれ以上頑張れません。
今までずっと頑張ってきましたが、もう限界です。
どうか助けてください。
もう頑張らなくていいと言ってください。
私はもう限界です」

もし、この言葉に詰まるようであれば、あなたはもうその「メイク」を落とす時期に来ていると言えるでしょう。

もう、頑張る必要はありません。
もう、自分を偽る必要もありません。
かつては役に立ったその「メイク」も、今は不要になってきています。
だから、心の「メイク」を落とすことを自分に許可してあげましょう。

心を「すっぴん」にして、人生の喜びを受け取る

今まで自分に施してきた心の「メイク」は決して無駄ではありません。今の仕事や人間関係を形作り、また、傷つかないように自分を守るために大いに役立ってくれた大事なものです。

しかし、その「メイク」にあまりに頼りすぎるがために、ありのままの自分を嫌悪し、否定し、その姿がわからなくなってしまった結果、「苦しさ」として自分の前に現れることになってしまったのです。

時には子ども時代、あるいは学生時代は十分役に立ったのだけど、もう今となっては役に立たなくなった「メイク」を、そのままにしてしまっている場合もあるでしょう。

では、その「メイク」を落として、「すっぴん」で生きるとすると、あなたは何を手

に入れられると思いますか？

つまり、ありのままの本来の自分で生きられるとしたら、あなたの人生はどう変わっていくのでしょう？

□肩の力が抜け、心や体が楽になる
□自然体、等身大の自分で生きられる
□自分の気持ち・本音に素直になれる
□自分に自信を持て、好きになる
□ありのままの自分を許して、「大丈夫」と確信できる
□自分らしさを発揮できるライフワークが見つかる
□人間関係が好転し、自分に合った人たちと付き合える
□自分に合ったライフスタイルが手に入る
□パートナーシップが充実し、幸せな関係を創造することができる
□時には誰かに頼ることができ、一人で抱え込むことがなくなる
□人からの愛情を素直に受け取ることができる

□自分の愛に自信が持てるようになる
□周りの人や物に自然と感謝の気持ちが湧き上がってくる
□様々な成功や豊かさを受け取れるようになる
□「自分でよかった！」と生きている喜びを感じられる

今まで「メイク」をしてきたのは必要があったからです。

しかし、これからの人生には必ずしもそれが必要ではありません。


それは今、自分の目の前にある問題が教えてくれます。

問題というのは、あなたが本来の自分に戻るために用意されたものです。

心の「メイク」によって、本来の自分から遠く離れて生きているほど、問題は大きく深刻なものになってきます。

だから、「メイク」を落とし、本来の自分に戻ることが、問題解決につながり、結果として、あなたは「すっぴん」の心で生きられるようになるのです。

Chapter 3

「メイク」を落とし、「すっぴん」の心を認める

「自分の魅力なんてわからない」「本当の自分と言われても、今更どうすればいいのか……」。大丈夫、必ず変われます。本章は、11のパターンそれぞれに対して、「メイク」落としのトレーニング方法をお伝えします。

「メイク」をしてきた自分を嫌わなくていい

ここまで様々な事例、または、「メイク」をするまでのプロセスについてお話をしてきました。自分が自分にどんな「メイク」を施しているのかも、何となくわかってこられたことでしょう。

そこで、ぜひ考えていただきたいことは、その「メイク」があなたの人生においてどう役に立ったのかということです。

つまり、心に「メイク」を施すことで、どんなメリットを手に入れてきたのかを振り返ってみてください。

その点を踏まえて、チャプター1の11名の女性たちが受け取ったメリットについて考えてみましょう。もちろん、全員が「自立的で何でも一人でできる頑張り屋さん」ですので、それとはまた別の要素を探ってみます。

□競争心が強く、プライドの高いMさん。その「メイク」のお陰で、
↓周りから憧れられる、仕事ができるスーパーウーマンになれた。
□期待に応え続けたHさん。その「メイク」のお陰で、
↓国家資格を取り、人の願いを察する力が高くなり、周りからの信頼を得た。
□「大丈夫」が口癖の強がりなRさん。その「メイク」のお陰で、
↓周りから信頼され、人一倍厚い人望を手に入れることができた。
□完璧主義のAさん。その「メイク」のお陰で、
↓客観的に身だしなみも姿勢もしっかりしている凛とした美しい女性になれた。
□自己犠牲ばかりしてきたKさん。その「メイク」のお陰で、
↓面倒見がよく、他者を受け入れる広い心を持てた。
□アイデンティティを喪失しているNさん。その「メイク」のお陰で、
↓相手に合わせられる器用さや、仕事がデキる女になれた。
□罪悪感に苦しむYさん。その「メイク」のお陰で、
↓道化になる器用さ、そして嫌な仕事も引き受けてくれるという周りの信頼を得た。

□無価値感をたんまり持っているSさん。その「メイク」のお陰で、
↓手に職をつけることができたり、異性からある意味でモテていた。
□平和主義のTさん。その「メイク」のお陰で、
↓空気を読めて場を乱さない態度に加え、面倒見の良さで評判が良かった。
□理想主義にハマっているEさん。その「メイク」のお陰で、
↓成績優秀で、周りよりも早く出世できた。
□いつも考えてばかりいるIさん。その「メイク」のお陰で、
↓頭の回転がずば抜けて速く、視野も広くなった。

もちろん、これ以外のメリットもたくさんありますが、文面から読み取れるものだけをここに列挙してみました。

これには私がよくする提案があります。

それは、「○○のお陰で～ができた」という構文を作ることです。

「○○」に自分の欠点だと思っている要素を入れることで、今までネガティブに見ていたことをポジティブな角度で見られるようになります。だから、11名の女性のメリ

ットについては、あえて「その『メイク』のお陰で」と書いてみました。

あなたなら、「〇〇」にどんな言葉が入れますか？

心に「メイク」をしてきたのは、何もネガティブなことだけでなく、ポジティブな要素もちゃんとあったんだ、と自覚できるでしょう。

最後に、とても大切な「自己承認・自己肯定」についてお話しさせてください。

ここまで説明してきたように、「メイク」は必要があって仕方なく心に施したものです。

「メイク」によって守られたり、得られたりしたものも実はたくさんあります。

だから、**前提として心の「メイク」をしてきた自分を否定したり、嫌う必要はありません。**

「もうそれは必要ないんだ」と、自分に教えてあげることが何より大切なのです。

苦手な人にこそ、「負け」を認める

競争心

プライドも競争心は、必ずしも悪いものではありません。

「自分はこの仕事にプライドを持ってやっています」

「あいつが頑張ってるんだから、俺も頑張ろう！」

このように、自分をポジティブな方向へ導くものたちでもあります。

しかし、怖れや不安など、ネガティブな気持ちも生むプライドや競争心は、自分を追い詰めるものになってしまいます。

チャプター1のMさんは世間体を気にする厳しい親のもと、自分自身も周りの目を非常に気にするようになっていました。常にエリートコースを全速力で駆け抜けていた結果、そうした怖れや不安が積もり積もって「先が見えず、いつまで頑張れば楽になれるのだろう？」と行き詰まってしまったのでしょう。

その原因となったプライドや競争心は、次のようなトレーニングで手放していきましょう。

①「負け」を認め、白旗を振る

「負けを認める」とは、勝ち負けの世界から降りることを目的としています。

まず、「誰に負けを認めればよいか」を直感で思い浮かべます。それは上司かも知れないし、同僚かもしれないし、お母さんかもしれません。

思い浮かべた人に対し、「○○さんの勝ちです。私の負けです」と心の中でつぶやきます。

つぶやいた時点で屈辱的で嫌な気持ちがしたとしたら、それは当たりです。

つまり、あなたはその人と競争していたことが不快な反応からわかります。

何度もその言葉を心の中で繰り返してみましょう。「負けを受け入れる（＝競争をやめる）」ことを選ぶのです。

また、その人に対して「白旗を振る」というイメージをすることも効果的です。

私のクライアントさんたちは、実際に白旗を作って職場のデスクやキッチンに置いていらっしゃいます。その白旗を見ると「ああ、勝ち負けじゃない、競争を手放そう」と思えるそうです。

競争を手放した世界に何が待っているか？

それは「対等な関係性」です。上下関係ではなく、お互いに対等なのです。

そうするとお互いを尊重し合い、相手の話を素直に受け入れることができ、同じ目的に向かって協力し合うことができるようになります。

②相手の長所や価値、魅力を認める

強い競争心、高いプライドは、無意識に相手を見下したり、相手の問題点ばかりを見つけて批判・攻撃したくなる要因です。

このワークは屈辱感や惨めさ、敗北感などの抵抗を強く感じますが、そうした感情が強く出てくる分だけ、競争心が強く、またプライドが高いことを表しています。

まず、あなたがつい張り合ってしまう相手の名前を書き出します。

そして、その人の長所／価値／魅力と思えるところを、一人あたり20個以上は書き出してみます。

強い競争心を感じる相手に対しては、たくさん書き出したほうが効果的です。

このワークに取り組むことで、今まで見ないようにしていた相手の長所が見えてきたり、相手に助けられている部分があると気付かされるでしょう。

なお、私たちの競争心は家族にそのルーツを持つことも多いです。

父、母、きょうだいなどに対しても、このワークをやってみるとその競争心やプライドの根っこを癒すことができるかもしれません。

③相手に感謝できることを見つける

感謝とは、愛の表現のひとつであり、許しの行為でもあります。

その相手に感謝できることをひとつひとつ書き出していきましょう。

その際、「相手が○○だから～が得られた」という構文を使ってみると、より感謝できるポイントが見つかりやすくなります。

例えば、

「上司が無能だから、企画力やプレゼン能力、他部署との折衝能力が養われた」

「後輩が仕事のペースがルーズだからこそ、タイムマネジメントやモチベーションをあげる方法を学ぶことができた」

「彼がだらしなかったからこそ、私がしたいことができた」

という風に、うまくポジティブな方向へ転換していきましょう。

自然と、相手に感謝できるポイントを探せるようになります。

心に「のしかかっているもの」を具体化する

期待

①「期待に応えられなかったら？」を想像する

あなたがもし誰かの期待に応えようとする癖があるなら、一度立ち止まって次の質問に答えてみてください。

(1) もし、△△さんの期待に応えられなかったらどうなると思うか？　どうなることを怖れているか？
(2) その怖れは本当に起きることなのか？　自分の勝手な想像ではないか？
(3) なぜ本当に起きると思ったのか？　過去に似た体験をしたのか？

（4）過去の体験は具体的にどのようなことか？　自分は何を感じていたのか？

これらの質問にできるだけ丁寧に時間をかけて取り組んでみると、思い込みに気付けたり、過去の傷が癒せたりします。

（1）であえて「△△さん」などと具体的に名前を書いている点にご注目ください。ここには「会社」「上司」「彼氏」「親」などを入れてみましょう。

思い当たる人が複数の場合、実は（3）が共通していることに気付いたり、より深く自分の心を見つめることができるようになります。

②親が自分にかけた「期待」を理解する

チャプター1のHさんの場合、学歴コンプレックスを持つ親御さんの大きな期待が、人の期待に応えようとするルーツであることがわかります。あなたも「①」のワークを通じて、自分が期待に応えてしまう原因についてある種の回答を得ていることでしょう。

つまり、期待に応えてしまう背景の多くに、親の存在があるわけです。Hさんの問いは、「なぜ、親はそんなにも学歴コンプレックスが強かったのか？」でした。

そうすると、親の人生について考え直したり、親が抱えていた怖れや不安などに気付けたりと、様々なことが見えてきます。

そして「親は親で苦しんでいたんだな。それで私たちにそんな期待をかけてきたんだ」と理解できると、不思議なことに誰かの期待に応えようとする気持ちが少しずつ減っていくのです。

同様に、親だけでなく、ほかの親族や学校・塾の先生、クラブの顧問、そして同級生たちなど、あなたに期待をかけてきた人たちの「その理由」を理解すると、期待を手放すことは容易になっていくものです。

その上で**「私は△△の期待には応えません！」と心の中で宣言してみてください。**

それだけでスーッと肩の荷が下りて軽くなるでしょう。

③自分軸を確立する

「期待に応えようとする」とは、実は「他人軸」な姿勢を表します。

Hさんが「どうしたいですか?」という質問を最も苦手としているのが、「他人軸」で物事を考えている証拠です。

期待に応え続けている人は、無意識のうちに自分の気持ちよりも、相手の気持ちを優先させてしまうようになります（のちに出てくるアイデンティティ喪失と同じ）。つまり、物事を考える軸が他人になっている「他人軸」なのです。

だから、**考え方を「他人軸」から「自分軸」に移行させることで、周りの期待に応えるかどうかを自らが選択できるようになります。**

Hさんが苦しんでいるのは、誰かからの期待には「応えなければいけない」と強く思い込んでいるからなんですね。

「期待に応えてもいいし、応えなくてもいい」

心の中に、そうした選択肢を持てるだけで、するっと心の「メイク」が剥がれるのです。

「自分軸」を確立する方法は様々ありますが、ここでは最もシンプルかつ象徴的なアファメーションをご紹介したいと思います。

「私は私、人は人」

※「人」の部分には、具体的な名前を入れてみてください

この言葉を、自分と相手との間に線引きをするつもりで、一日に何度も何度も口に出して言ってみます。

これだけでも非常に効果的ですので、ぜひ試してみてください。

なお、この自分軸を確立する方法については、拙著『人のために頑張りすぎて疲れた時に読む本』（大和書房）に詳しく著《しる》しています。

強がり

とっくに頑張ってきたことに気付く

①「全然大丈夫じゃない！」アファメーション

「大丈夫！」が口癖の強がりな人に、ぜひやっていただきたいアファメーションがあります。

次に紹介するセリフを何度も声に出して言ってみてください。できれば口癖にしてみてください。だんだん素直な気持ちを認められるようになっていきます。

「私は全然大丈夫じゃありません。

大丈夫なふりをしてきたけれど、全然大丈夫じゃありません。

もう頑張らなくてもいいですか？

もっと自分に素直になってもいいですか？

誰か私を助けてください」


ちょっと大げさな気がするかもしれませんが、つい強がってしまう人には強力なアファメーションになります。涙腺が崩壊してしまう人も珍しくありません。

ぜひ活用ください。

②抑えてきた寂しさを解放する

誰かのために一人でずっと頑張ってきた人は、迷惑をかけないように「大丈夫！」と自分に言い聞かせてきたのです。

自分の気持ちよりも、相手の気持ちを優先するのは優しさでもあり、気の利く部分でもありますが、やはり自分が苦しくなってしまいます。

そこで、頑張ってきたあなたにぜひやっていただきたいワークがあります。

（1）あなたは誰のために頑張ってきたのか？　一人思い浮かべてみる。
（2）思い浮かべた人が今、自分の目の前にいるイメージをする。そして、次のセリフを声に出して言う。

「迷惑をかけちゃだめだと思って我慢してきたけど、ずっと寂しかった」

「私は○○さんのためにすごく頑張った。私は○○さんの役に立てましたか？」

「本当はもっと甘えたかったし、頼りたかったです。もう、自分に素直になってもいいですか？」


子ども時代から自立して「大丈夫！」と自分に言い聞かせてきた人は、「寂しい」「甘えたい」「認めてほしい」などの思いを我慢してきたものです。

だから、その素直な気持ちを言葉にすることで、当時から我慢してきた感情を解放してあげるのです。

このイメージワークをすると、寂しさにすごく敏感になってしまう場合があります。

もし、そうなったら「ああ、自分はそれくらい寂しさを我慢してきたんだな」と思ってみてください。

そうして、その気持ちを否定せずにただ感じてあげると徐々にその寂しさも少なくなっていきます。

③「人に与えてきたもの」をリスト化

自立が早く、頑張ってきた人は本当にたくさんのものを誰かに与えてきました。

しかし、それに気付けないばかりか、もっと頑張ろうとしてしまうのです。

両親をはじめ、今まで自分が関わってきた人たちに、自分が与えてきたものを思い出してリストアップしてみてください。

これは自分で自分を認めてあげる「自己承認」であり、それと同時に自分の素晴らしさや価値を知るきっかけにもなります。

時間をかけても構いませんから、ぜひとも自分が与えてきた素晴らしい価値について知ってください。

完璧主義

「やらない／できない自分」でいい

①「やらなきゃいけないの？」と自問する

自己肯定感をあげる方法のひとつに「自分ができることと、できないことの区別をつける」というものがあります。完璧主義な人は「できない自分」を許すことができないので、どんどん自分にプレッシャーをかけ続けてしまうのです。

そこで、うまくできないことがあったときに、次の言葉を唱えてみましょう。

「それが今の自分なんだから、しょうがないよ」

これは自己肯定感をあげる口癖のひとつでもあり、自己承認の言葉です。

さらに一歩踏み込んで「やりたいこと／やりたくないこと」の区別を意識していきましょう。何かに取り組むときに、

「これは、やりたいこと？　それとも、やりたくないこと？」

と自問してください。家事をするとき、書類をまとめるとき、仕事に行くとき、服を着替えるとき……様々な場面で自分に聞くのです。やりたくないことならば、「本当にやらなきゃいけないの？」

とさらに尋ねてみます。もし、その答えが「やらなくてもいいんじゃない？」ならば、思い切って何もしない選択をしてみます。

一方、**答えが「やらなきゃいけない」だった場合は、「やりたくないのにやるって偉らいね！」と自分に言ってあげます。**

こうして自分との対話をしていくことで、自己肯定感をあげていくことができますし、それは完璧主義を手放すことにもつながる方法です。

②「完璧でなくても愛される」理由を発見

Aさんはしっかりもののお姉ちゃんと比較されたことが完璧主義になってしまった大きな原因のひとつでした。

「ちゃんとしてないと愛されない、完璧にやらないと愛されない」という「メイク」を分厚く自分にしてしまっているわけです。

なので、次のワークをぜひ試してみましょう。

（1）「私は完璧じゃなくても愛される」と繰り返し口ずさむ

（2）「なぜなら○○だから！」の「○○」に当てはまる言葉を加える

この「○○」に当てはまる言葉はすぐに見つからないかもしれませんが、じっくり考えてみてください。

自分で自分の価値を見つけ出す方法とも言えますので、とてもお勧めです。

③本来の個性を受け入れる

Aさんはとても天然キャラで愛される要素をふんだんに持っているにもかかわらず、自分ではそれを認められずに完璧になろうとして疲れ切ってしまいました。

たとえ自分からすればダメなところでも、他人からすれば愛されポイントになる要素は意外とたくさんあるのです。そこで、次のワークをしてみましょう。

（1）自分の「ダメだなあ」というところを書き出してみる
《例》片付けが苦手、物忘れが多い、時間にルーズ、腹黒い面がある……
（2）書き出したものを指さしながら「そんな自分でも愛される」と言う
（そう思えなくてもオーケー）
（3）「ダメな自分でも愛される理由」を書き出す
（その理由は三つ以上考えてみるのがおすすめ）
（4）「ダメだなあ」というところを、「そんな人の良いところは？　それを長所に置き換えると？」と考えてみる

これによって自分がダメだと思っている部分を「愛されるポイント」として意識できるようになります。**（3）は時間をかけたほうがより効果的です。**

自分の「わがまま」を掘り起こす

犠牲

「犠牲」は、怖れや寂しさなどからくるネガティブな行為で、愛ではありません。

一方、似たような行為に「与える」がありますが、それは愛からの行為です。

やっていることは間違いではありません。行う人がつらい気持ちでいるかどうかの違いなのです。つい犠牲をしてしまう人は「与え上手な人」であり、実は「与える才能が豊か」とも言えるのです。

犠牲をしてしまう人には「自分軸」をきちんと確立することも大切な「メイク」落としになります。前提として、「期待」③（94ページ）を実践してみてください。

①犠牲や我慢してきたことを思い出す

今まで犠牲にしたり我慢してきたことを、思い出せる限り書き出してみましょう。その際、1~2行ほど空けて次を書き出すのがポイントです。

そして、「偉かったなあ」と自分を褒める（承認する）ことと同時に、そのひとつひとつに「本当はどうしたかったの？」と自分に聞いてあげます。

「我慢するんじゃなくて、本当はどうしたかったの？」と。

「本当は〇〇がしたかった」という答えがわかったら、それを先ほど空けておいた1~2行に書き出していきます。

《例》

「お母さんの話をちゃんと聞いてあげた」

↓本当は私の話も聞いてほしかった

「学費やお母さんを心配して、家から通える学校に行った」

↓本当は弟や妹みたいに東京・大阪に出たかった

こんな風に自分の本音、気持ちを聞き出してあげます。

そうすることで、自分の心とのつながりを取り戻すことができます。

自分の心の声が聞こえるようになると、だんだん自分を後回しにできなくなっていくものなのです。

②思い切りわがままになることを許可する

まず、次のアファメーションを日々何十回も言葉にしてみましょう。

「もっとわがままになっていいよ。
もっと自由になっていいよ。
もっと好きなように行動していいんだよ。
大丈夫。そんなことで嫌われないから！
私はそのままで素晴らしいのだから大丈夫！」

この言葉が口癖になるくらいになると肩の力が抜けて、少し胸を張れるようになっていきます。

自信が持てるようになってきたら、「わがままリスト」を作ってみましょう。**欲しいモノ、やりたいこと、何でもいいのでノートに書き出しておくのです。**

③「本当にしたいことは何？」と問いかける

自分を後回しにしてきた人はなかなかこの質問に答えられません。

しかし、自分を承認し、わがままになることを許していくと、徐々に自分が本当にしたいこと、自分が本当に欲しいものがだんだん見えてきます。

「あなたが本当にしたいことは何？」と自分に問いかけ続けます。

答えが出ないからといって焦らなくて大丈夫。だんだんしたいことがわかってくるようになります。

ちなみにこの「あなたが本当にしたいことは何？」の答えは人生を左右するような大きな答えは求めていません。

「ゆっくり休みたい」「今日は誰にも会いたくない」「思い切りワインを飲みたい」「ゆっくり買い物がしたい」みたいなことでOKです。

そして、その本当にしたいことを可能な限り「実現」させてあげます。これは「自分の願望を実現する」というトレーニングになるのです。

④誰かのために頑張ってきたことを承認する

Kさんは少なくてもお母さんのために、弟や妹のために、たくさん価値のあることをしてきました。

同様に、この「メイク」をしているあなたもきっと誰かのために相当頑張ってきたし、与えてきたのです。

それらをリストアップし、そんな自分を「偉いなあ、すごいなあ、頑張ったなあ」と自ら承認してあげるのです。頑張ってきた自分が報われることになり、自己肯定感も高められます。

子どもの頃を振り返る

アイデンティティ喪失

失ったアイデンティティを取り戻し、「これが私だ！」と思えるものを見つけていきます。そのプロセスは自己肯定感をあげるものと非常に似ています。

まずはすでにご紹介した「期待」③（94ページ）と、「犠牲」①（104ページ）に取り組んでみましょう。

①子どもの頃に好きだったものを思い出す

あなたが小学生くらいまでに夢中になったもの、ハマったもの、大好きだったものは何でしょうか？

アニメやおもちゃでもいいですし、遊びでも、ゲームでも構いません。もし、それが今、手に入るものであれば実際に手に取って触れてみるといいでしょう。その頃の不思議な感覚を思い出すことができます。

元々私たちは多かれ少なかれ情熱的であり、「私」というものをきちんと持っている存在です。

しかし、親子関係や学校生活で、情熱に蓋をして周りの人に合わせてきたわけです。だから、その蓋を取り除くことでアイデンティティを取り戻せるのです。

子どもの頃の記憶をあれこれ呼び覚ましてくと「ああ、本来の自分はこうだったなあ」ということに気付くことができます。


次に、幼い頃の自分のキャラを思い出してみましょう。

家族に聞いてみるのもいいですし、昔の写真や動画が残っているのであれば、それを見てみるのもいいでしょう。物心がつく5~6歳まで本来の自分を発揮していることが多いものです。意外と今の自分とは違う表情をしていることも多いものです。

チャプター1のNさんは幼少期、女の子なのにガキ大将みたいに振る舞っていて、周りの人を心配させていたそうです。だから、本当はお転婆で、自由な人だったのです。

そこで、幼少期の自分のキャラのまま大人になることをイメージしてみましょう。

もしかするとタレントさん、女優さんなどの顔が浮かぶかもしれません。あるいは女王様のように自由に振る舞っている姿かもしれません。

それは本来の自分の姿を表しています。そんな自由なイメージを何度もしていくと徐々に心が軽くなっていくはずです。

②わざと反抗してみる

お母さんに気持ちを押さえつけられてしまっていたNさんは、思春期に妹の反抗期が激しかったことから、自分の反抗期は体験せずに大人になってしまいました。

反抗期は、心理的にとても大切な時期で、親から精神的に自立するために必須のものです。

そのため、反抗期がなく大人になってしまった人は親離れができていなかったり、大人になり切れていなかったり、そんな自分を否定的に捉えてしまったりしています。

だから、意識的に反抗期を起こしていくことも効果的です。

この後の「罪悪感」①で出てくる「御恨み帳」（115ページ）に挑んでみるのも効

果的です。ただ、アイデンティティを喪失している人は、それすら浮かばない場合も多いものです。

そこで、前段階として次のようなアファメーションに取り組んでみます。

「お母さんのことが嫌い。お母さんの○○が嫌だった。妹のことが嫌い。妹の○○が嫌だった。お父さんのことが嫌い。お父さんの○○が嫌だった」

少し過激な言葉が並んでいますが、あえてやってみましょう。「○○」に当てはまる言葉をいくつも見つけて言葉にしてみると、封印されてきた怒りが出てきます。

アイデンティティの喪失には、実は怒りのエネルギーが大きく関わっています。だから、お母さんや妹に対してふつふつと怒りが出てきたら、プロセスがうまく進んでいる証拠です。この状態になると、しばらくそれ以外の人にも怒りを簡単に覚えるようにもなります。

「気が短くなったんじゃないか？」と感じるようになれば、むしろ順調な証拠だと捉えていいでしょう。

③自分の価値や魅力を見つけて受け取る

様々な方法がありますが、ここは「投影の法則」を使ったものをご紹介します。私のお気に入りの方法ですので、本やブログなどですでにご存じの人も多いでしょう。けれど、何度やってもいい方法ですので、改めてやってみてください。

あなたの周りにはどんな魅力を持った人がいますか？

自分の周りの人（家族、同僚、友達、仲間、パートナーなど）が、どんな魅力や価値を持っているかを考えてみます。例えば、こんな感じです。

「前向き、明るい、バイタリティがある、行動的、頭がいい、仕事ができる、きれい／美人、性格がいい、優しい、温かい、人の気持ちがわかる、コミュニケーション能力が高い、いい意味で個性的、自由……」

こうしたものを、30個以上見つけてみましょう。**リストアップされた魅力や価値は、実はあなた自身のものに他なりません。**

これは、あなたの魅力や価値が周りの人に投影されていることを利用した方法です。

リストの中で「自分にはないと思うけれど……」と疑問に思う要素もきっとあるでしょう。

それはあなたの中にないのではなく、「あるけれど、基準が厳しく、自分にあると認められない」「本当はあるんだけど、以前それを他人に否定され、ないと思い込んでいる」などが理由として考えられます。

そして、**そのリストを毎日数分でいいので眺めてください。**

ただ眺めるだけで構いません。例えば、私のとあるクライアントさんは通勤時に電車に乗ったときに眺めるようにしている、と教えてくださいました。短期間でとても自己肯定感があがったと喜んでいました。

信じられなくても全然かまいません。でも、ぜひ実践してください。

これらは拙著『敏感すぎるあなたが7日間で自己肯定感をあげる方法』（あさ出版）にもよりいっそう詳しくありますので、良かったら参考にしてみてください。

「助けてほしい」と心の中で声を上げる

罪悪感

まずは、「強がり」②（97ページ）と「犠牲」①のワーク（104ページ）に取り組んでみてください。

素直な自分の気持ちを認めること、自分が頑張ってきたこと／与えてきたことを承認することが「罪悪感メイク」を落とすにはいいきっかけになるでしょう。

①「御恨み帳」を書く

「御恨み帳」とは、自分が心の中に溜め込んでいる相手への怒りや不満、恨み、憎しみ、悲しみ、寂しさ、罪悪感などの素直な思いを吐き出すためのノートです。

例えば、チャプター1のYさんの場合では父、母、兄の3名がターゲットとなります。

その人に対してどんな思いでも構いませんから書き出してみるのですが、慣れないうちは次の質問に答えながら思いを吐き出してみましょう。

（1）相手に対して今、感じている素直な気持ちは何？
（2）相手に言いたいけど言えなかったことは何？
（3）相手にわかってほしかったことはどんな思い？
（4）相手にムカついているのはどんなこと？
（5）相手の言動で許せないことはどんなこと？

この御恨み帳によって、心の中にある様々なわだかまりやモヤモヤを吐き出すことができるので、気持ちがすっきりします。「罪悪感メイク」を落とすために心にスペースを作る手段ですので、チャレンジしてみましょう。

なお、御恨み帳の書き方については私のブログにてご紹介していますので、良かったら参考になさってみてください。

(https://nemotohiroyuki.jp/everyday-psychology/15692)

②相手に「してあげたかったこと」を挙げる

私は「愛と罪悪感の量は比例する」と考えています。

愛する気持ちが強ければ強いほど、その相手に対して罪悪感もまた覚えやすくなるのです。そこで、「罪悪感メイク」を落とす秘訣として、「愛とつながる」ことが非常に効果的です。

御恨み帳の対象となった人たちに対して、次の問いに答えていきましょう。

（1）相手に対して本当はどうしてあげたかったのでしょう？

（2）なぜ、相手のためにそんなにも頑張ることができたのでしょう？

（3）改めて、相手に「感謝」できることはどんなことでしょう？

※可能であれば、100個以上書き出してみると効果大

もし、心の中にわだかまりが残っているならば、これらの質問に素直に答えること

ができません。それはまだ御恨み帳を書き足りていないことを意味します。わだかまりを御恨み帳に吐き出し、心をすっきりさせることを優先してみてください。

③心の荷物を下ろすイメージをする

Yさんのような、抱え込み症候群の人に私がよく提案しているのは、次のようなイメージワークです。

読み進めるだけで効果が出るように工夫してみましたので、静かな空間で、できるだけゆっくり次の文章を読み進めてみてください。

頭の中にはっきりとイメージを浮かべることができるとさらに効果的です。

イメージワーク

あなたはずっと重たい荷物をたくさん背負って険しい坂道を登ってきました。

あなたは自分のことを迷惑な存在だと信じ、そのために周りの人たちのためにたくさんの犠牲（補償行為）を払ってきました。

あなたはあまりに長い間、その荷物を背負ってきたので、今となってはそんなに重たい荷物を背負っている実感すらあまりありません。


でも、よく耳を澄ませてみれば周りの人たちが、

「そんなに一人で抱え込まなくてもいいよ」

「私がその荷物を持ってあげようか？」

「一人で頑張り過ぎだよ。少しは休んだほうがいいよ」

という声をかけてくれていました。

しかし、自分は迷惑な存在なんだから、これくらいのことをしなきゃいけない、と思い込んでいるあなたはそうした声すべてに首を振って拒絶してきました。


ちょっと思い出してみてください。

「そんなに重たい荷物を一人で背負わないで！」とあなたに言ってくれた人の表情を。

そして、あなたが首を振ったときにその人が見せた悲しそうな、寂しそうな表情を。

もしかするとあなたは彼らのために頑張って荷物を背負ってきたのに、逆に彼らを

悲しませることをしてしまっているのかもしれません。

それに気付いたあなたはその荷物を手放すことを心に決めました。

そして、あなたは声に出してこう言います。

「誰か、私を助けてください」

でも、その声は小さすぎて誰の耳にも入りません。そこで、あなたはもう少し大きな声で、こう言います。

「誰か、誰か、私を助けてください。もう私は限界です」


さて、その声は誰の耳に届いたでしょう？　知っている人でしょうか？　それとも神様でしょうか？

すると急に少しだけフッと背中の荷物が軽くなります。

誰かがあなたの荷物をひとつ、下ろしてくれたみたいです。

そうすると次にまたフッと背中が軽くなります。

また誰かがあなたの荷物を下ろしてくれました。

そうして、次々と背中の荷物が軽くなっていく様子を想像してみてください。

こんな声も聞こえてきます。

「やっと私たちを頼ってくれたんだね」

「もう一人で頑張るなよ！」

「ずっと心配していたんだよ」

その声の主が誰かわかりますか？　それとも、声だけ聞こえますか？


徐々に背中が軽くなり、気が付けば荷物はもうあなたの背中には載っていません。

あなたは胸を張り、背中を伸ばして深呼吸します。

こんなにも軽くなったことに驚き、また、感動します。

そして、その荷物を下ろしてくれた周りの人たちに「ありがとう」という言葉が自然と口を突いて出てきます。

何度も何度も「ありがとう」と声に出して言ってみてください。

そして、その軽さをただ実感してみてください。


（終わり）

これは心の荷物を下ろし、罪悪感を軽くするアプローチです。
時々思い出してやってみるとより効果的なワークですので、ぜひご活用ください。

罪悪感は私たちを幸せにしないようにあらゆる手段を用いる存在で、私たちが生きている以上、切っても切れない関係があるものです。

その感情をすべて洗い流そうとするのではなく、上手に付き合えるようになるのが解決方法です。

なお、「罪悪感とは何か？」、「どうしたら癒せるのか？」というお話に興味がある人は、拙著『いつも自分のせいにする罪悪感がすーっと消えてなくなる本』（ディスカヴァー・トゥエンティワン）を参照ください。

人からの感謝、きちんと受け取っていますか？

無価値感

「私には愛される価値なんてない」

「私には何の魅力も才能もない」

そう決め付けてしまう「無価値感」という問題。罪悪感同様、私たちが誰でも持っている感情のひとつです。

無価値感があるときは、心にぽっかり穴が開いたような感じがして、自分がとてもちっぽけな存在に思えます。

だから、罪悪感ととてもよく似た性質があるのも事実です。

また、無価値感を抱えていると、反動として、自分の価値を証明しようと他者と競争したり、誰かを見下したり、無理をしたりします。多くのハードワーカーの心の中にはこの無価値感が強くあり、また、Sさんのように男性から求められることで自分の価値を証明しようとする（その結果、かえって傷ついて無価値感を強めてしまう）ことも頻繁に起こります。

そんな「無価値感メイク」の落とし方をいくつかご紹介しましょう。その前に、ご紹介した「犠牲メイク」①（104ページ）と「アイデンティティ喪失メイク」③（113ページ）に取り組んで、今までの自分を承認し、今の自分にもちゃんと価値や魅力があることを確認して、準備をしましょう。

①あなたに感謝している人を思い浮かべる

できるだけ客観的に自分の人生を振り返り、あなたの存在に助けられた人、あなたから愛を受け取った人など、あなたに感謝しているであろう人たちを思い浮かべてみてください。

すぐに浮かばなくても大丈夫です。この問いは「私には愛される価値がない」という前提を覆すことにとても役に立つので、じっくり時間をかけるべきものです。

あなたが今まで誰かのためにこれだけ頑張ってきたとするならば、必ずあなたに感謝の思いを持っている人は存在しています。もちろん、彼らは表立ってあなたに感謝の思いを表現することはなかったかもしれません。だからといって、あなたに感謝していないわけではありません。

また、**思い浮かんだ人たちになり切って、あなた宛ての感謝の手紙を書いてみます。**例えばチャプター1のSさんであれば、妹や両親、あるいは職場の人、今まで付き合った男性たちもそのリストに挙がるはずです。

その人になったつもりで、自分宛の感謝の手紙を書いてみるのです。そうして、その人からの感謝と愛を受け取るのです。

②頑張ったことで手に入った価値を見つける

無価値感を抱えていたせいで、今までたくさん頑張ってきましたよね？

それでもその思いは満たされなかったかもしれませんが、そこで手に入れたものはたくさんあるはずです。

あなたの人生を振り返り、それだけ頑張ったからこそ手に入れられたものを「価値」という側面から見直してみましょう。

Sさんの人生からはこんな価値が見えてくると思います。

□妹の面倒をよく見てきた
□仕事で疲れている両親に迷惑をかけないよう配慮してきた
□自分のことは自分でできるようになった
□仕事で生かせるスキルを身につけられた
□ハードワークのおかげで、様々な仕事の経験ができた
□一人で生きていこうとしたおかげで、生活能力が身についた
□ダブルワークをした経験からびくともしない気持ちを手に入れられた
□様々な男性とのお付き合いから、男性の気持ちや行動が理解できるようになった
□男性から求められるくらい魅力的な女性になった

……など、他にもきっとたくさんあるでしょう（カウンセリングの中では私と一緒

にそのひとつひとつを見つけていきました)。

自分としてはあまり価値があると思えないことも、角度を変えてみると意外な魅力に見えてくることも珍しくないものです。

しかも、それだけ頑張って周りの人に尽くしてきたのですから、きっと多くのものを手に入れているはずです。

この作業はひとりで取り組むのはちょっと難しいものですが、**自分自身ではなく、「映画や小説に出てくる主人公」として自分を見てみるのがコツです。**

そうすると、より客観的に見られるので、自己承認しやすかったり、価値をたくさん見つけやすかったりします。

「他人最優先」をやわらげる

平和主義

平和主義になると争いを嫌うため、誰かと揉めるくらいなら私が我慢したほうがいいと考えるようになります。

同時に、誰かを否定したり、嫌ったりすることに強い罪悪感を覚えます。その際、罪悪感を覚えた相手ではなく、自分自身も傷つけてしまいます。

つまり、**周りと揉め事を起こさないように平和主義を貫くためには、自分への激しい攻撃が代償としてついてくるのです。**その結果、精神的に疲れ切ってしまうだけでなく、時には病気を招いてしまうこともあるくらいです。

平和主義者は慈愛深くて、優しい、女神さまのような人であることも表しています。Tさんのように面倒見が良くて周りから慕われるのはその長所になります。

だから、この平和主義が持つネガティブな要素をそぎ落として、ポジティブな要素だけ享受できるようになると、その「メイク」をきれいに落とすことができるのです。

ここでも「犠牲」①（104ページ）のワークがとても役立ちます。それと同時に内なる怒りを外に吐き出すために、「罪悪感」①（115ページ）の御恨み帳にもチャレンジしてみるといいでしょう。

①超簡単なものから「本音」を探る

お昼ご飯のメニューを決めるとき、仕事の帰り道、休日の朝などのプライベートなシーンから仕事中のひとつひとつの意志決定の際に「私はどうしたいの？」と自分に問いかけます。

もちろん、すぐにその答えがわからないかもしれませんが、それは問題ありません。繰り返していくうちにだんだん自分の本音が見えてくるものです。

さらに、「あの時、本当はどうしたかったのか？」という目で過去を振り返ってみます。

過去の自分の意志や思いを曲げて相手に合わせた経験を思い出してもいいですし、相手に対して「本当はどうしてほしかったんだろう？」と想像してみてもいいでしょう。

今まで誰か他の人の気持ちを優先させるために封じ込んできた「私の本音」を表に出してあげるのです。

これは「自分軸」の考え方を確立する方法でもありますし、自分が本当に欲しいもの、本当にしたいことに気付くための大切なワークです。

②平和主義をゆるめるアファメーション

可能であれば声に出して次の文章を読んでみてください。そして、心に何か響くところがあればぜひ口癖になるくらい何度も繰り返し言葉にしてみてください。

アファメーション

私はもう我慢したくない。
私はもう誰かに合わせたくない。
私はもっと自分自身を生きたい。

私はもう頑張りたくない。

私はもう誰かのために自分を犠牲にしたくない。

私はもっと自分のために生きたい。


私はみんなのために十分頑張ってきた。

私はみんなのために十分我慢してきた。

だから、もうそこから卒業して、自分自身を生きる。


私は人を嫌いになってもいいし、もっと怒ってもいいし、もっとわがままになってもいい。

私はもういい人をしなくていいし、つらいときは誰かに頼ってもいい。

私はもう一人で頑張ることはやめる。

私はもう十分頑張ってきたのだから。

③母を許す

チャプター1のTさんの過去を振り返ると、お母さんとの葛藤が見て取れます。Tさんに限らず、お母さんとの関係はその後の人生に大きな影響を与えます。

「お母さんみたいになりたくない」と思っていたにもかかわらず、よく似た平和主義者になってしまうこともよくあることです。

心の世界には「〝ああなりたくない〟は、〝ああなってしまう〟法則」というものがあり、**反面教師にしていた人と同じような人生を歩むことが珍しくありません。**

本当のところ、Tさんがお母さんを愛し、お母さんを尊敬していることを暗に示唆しているのです。

しかし、思春期以降の反抗期で、その愛に蓋をしてしまうと「お母さんと同じような人生を歩いていること自体に怒りを覚える」という状態になり、お母さんのことも、自分自身のことも許せなくなってしまいます。そこであえて「許し」を行います。

「許し」とは、お母さんへの愛に気付き、お母さんからの愛を受け取ることであります。同時に**自分自身を許すプロセス**にもなります。それによってお母さんからの呪縛が解かれ、より自由に自分らしい生き方を選ぶことが可能になるのです。

許しのプロセスは、すでに紹介してきたワークを組み合わせて行うことができます。

（1）「罪悪感」①（115ページ）の「御恨み帳」をお母さん宛に書く
（2）お母さん自身の人生をわかる範囲で振り返り、なぜ、お母さんが平和主義で、そのような性格になってしまったのかを理解する
（3）「罪悪感」②（117ページ）で、お母さんへの愛を思い出す
（4）お母さんがお母さんで良かったことを30個以上見つけ出す
（5）お母さんへの感謝の手紙を書く（3回以上）

この許しのプロセスは「平和主義メイク」を落とすだけでなく、様々な人間関係で使える基本的なやり方です。

もし、あなたの心に引っかかりがある関係性が見つかったなら、都度、このプロセスをやってみるとその効果を実感できると思います。

理想主義

新たな模範となる「相談役」を見つける

理想主義とは「こうあるべき」という理想に向かって頑張ろうとする、模範的な姿勢に思えます。

ですが、実は**心の中で常に自己否定が激しく起きている状態**でもあります。

理想に向かって頑張ることが喜びや楽しみであり、そのプロセスそのものに充実感や達成感が感じられるのであればいいのですが、理想主義者の多くは「今の自分ではダメだ」「このくらいで根をあげていては情けない」「もっと頑張らなければ」と常に自分に鞭を打つ状態になります。これが自己否定であり、自分いじめになります。

そうしたあり方は周りの人に対しても投影されるので、周りの人間も自分と同様に頑張り続けることを求めます。

そのため部下や後輩、あるいは子どもに対して理想を押し付けるようになり、Eさんのように周囲の反発を招いてしまいます。

理想主義の背後には他にもさまざまな感情が渦を巻いています。**あらゆる心の「メイク」が、この理想主義者の背後にある可能性が高いのです。**プライドや見栄から高い理想を追い求めるようになったり、罪悪感や無価値感から理想主義者になることも大いにあります。ですので、「理想主義メイク」を落とすには、ここまでで紹介したすべてのワークが当てはまると言ってもいいでしょう。

そのため、「理想主義メイク」に該当する人は、ここまででピンと来たワークに取り組んでいかれると良いでしょう。

その上で、より効果的な三つのワークをご紹介したいと思います。

①「頑張らない」という選択肢を持つ

頑張り屋さんであることは時に長所にもなりますが、その裏に「自己否定」があるとすると、それは自分を追い込む負の原動力になってしまいます。

もちろん「頑張る」ことが悪いことではないのですが、「頑張らない」という選択肢を持つことがとても大切です。

時と場合により「頑張る」、または「頑張らない」を選択できれば、ずいぶんと余裕を持つことができるはずです。

そのためには、自分の「心」とのつながりがとても大切になります。心が元気な時は頑張りたくなります。そういう時は「頑張る」を選択します。

しかし、なぜかテンションが低い日だってあるはずです。

そういう時は「頑張らない」を選択してもいいのです。

もっと細かく言えば、**「頑張る」、または「頑張らない」の1か0ではなく、もっと細かく調整できるようになるのがいいでしょう。**

気分の移り変わりに従ってアクセルやブレーキを踏んだりして速度調整をするようなイメージです。そのためのシンプルなアファメーションをご紹介します。

アファメーション

「私は頑張ることもできるし、頑張らないこともできる。

私は頑張ってもいいし、頑張らなくてもいい。

人の視線は関係なく、私は私の感覚で生きていい」

②自分に「ご褒美」と「休息」を与える

理想主義は、いたちごっこのようにゴールの見えないレースをしているようなものです。ある理想を掲げ、頑張ってそこに近付いたら、すーっとその理想がさらに上のレベルになります。

だから、時々立ち止まってその時点で出ている「成果」を受け取り、そんな自分を大いに褒めてあげることをお勧めしています。つまり、定期的にご褒美を自分に与えることなのです。

そして、一定期間頑張ったのであれば、ちゃんと自分に休息を与えることもより高い理想を実現するためには必要です。

難しいのはそのタイミング。どのタイミングで成果を受け取り、休息を与えればいいのか？

シンプルなやり方ですが、**「1週間」「1か月」「3か月」「1年」で区切って振り返**

ってみるといいでしょう。

まず、「1週間」単位で今週のチャレンジと成長を認めてあげましょう。そして、ちょっとしたご褒美を自分に与えます。休日は思い切り休息を取りましょう。

「1か月」が過ぎたら、同じく今月のチャレンジと成長を認め、ご褒美と休息を自分に与えます。

「3か月」はテレビドラマでも「ワンクール」と呼ばれる大きな区切り。同じように自分を認めてご褒美と休息を与えるのですが、小旅行など少し大きな目なものを与えてみてはいかがでしょうか。

理想の種類によっては明確な成果が測りにくいものもあると思いますので、こうして期間で区切ると理想を求めることがより楽しみに変わっていきます。

③心に安定感をもたらすメンター探し

あなたにはメンターと呼べる人はいますか?

メンターとは「心の師匠」という意味で、人として尊敬していたり、憧れていたり、目標としたい人を言います。

例えば、何でも相談できる〝専属カウンセラー〟だったり（パートナーや家族、友人でもオーケー）、職場の信頼できる上司だったり、学生時代の恩師だったりします。あるいは、動画サイトやブログ、書籍などで憧れている人でももちろんいいでしょう。

メンターを持つことは、それだけで心の安定感をもたらしてくれますし、迷ったときは**「あの人だったらどう答えるのだろう？　こういうときどうするのだろう？」**と想像してみることで、新しい道が見えてくることもたくさんあります。

こうしたメンターは最低3～4人は持っておきましょう。あなたが信頼している人の中から「この人をメンターにしたい！」と思える人をぜひ選び出してください。

そして、その人の生き方や考え方、価値観を学び、あるいは、直接話をしてみてください。

きっとそれだけで理想を目指して無理して頑張る気持ちは静まり、マイペースでやっていけばいいと思えるようになるはずです。

体を動かして、思考を強制終了

思考優位

なぜ考えすぎてしまうのか？

その理由はさまざまですが、一番大きな理由は「怖れや不安」が強くあるからです。

実は「思考」というのは、そうした怖れや不安から生まれます。

「○○になったらどうしよう。ヤバい。じっとしているのも違うし、動かなきゃいけないんだけど、どうしたらいいの……？　ああでもない、こうでもない」

こんな具合に怖れや不安は、あなたを思考の世界に引き込んでしまいます。

しかし、考えている間は何も行動ができないので状況は変わりません。しばらく考えて答えが出ない場合、少なくとも自分が意識できる範囲に答えがない、ということです。だから、どれだけ考えてもぐるぐる巡るだけです。

カウンセリングでは、「思考を止めましょう」というお話から始めることもあります。

①不安な心に語り掛ける

思考の罠にハマる原因が「怖れや不安」だとしたら、その感情を落ち着かせれば思考のぐるぐるから少し解放されます。

では、あなたは何を怖れ、不安になっているのでしょうか？　次のイメージワークで、その心の声に耳を傾けてみましょう。

イメージワーク

お腹にそっと手を当てて目を瞑《つむ》ります。

そして、目の前に大きな鏡があると思ってみてください。

そこに自分の顔を映すと、何かに脅えている／不安になっている自分がいます。

そこでまず自分にこう語り掛けます。

「怖いよね」

「不安だよね」

何度か繰り返し、その言葉を鏡の中の自分に投げかけます。

鏡の中の自分は「うん」と頷いてくれます。


今度はこんな質問を投げかけてみます。

「あなたは何を怖がっているの?」

「あなたは何がそんなに不安なの?」

そう鏡の中の自分に声をかけてみてください。

どんな言葉が返ってくるでしょう?

どんな言葉が返ってこようとも、ただ「うん、そうだよね」と受け止めてあげます。

同じようにできるだけ優しく、

「どうしてそんなに怖いの?」

「どうしてそんなに不安なの?」

と尋ねてみてください。その答えに対しても、あなたはただ「うん、そうなんだ」

と受け止めるだけです。

拍子抜けしてしまうようなシンプルなイメージワークかもしれません。

これは自分の心との対話で、自分の気持ち、今の自分の状態をただ受け入れることを目的としています。

怖れや不安という感情は、実はそれだけですーっと落ち着いていくものなのです。

なので、このイメージワークはホッとしたり、心が少し温かくなるまで続けてみてください。徐々に思考に囚われなくなっていきます。

（終わり）

②頭より手を動かす

私はなるべく毎日ジョギングするようにしています。この習慣を始めた当初、20分程度経つと、だんだん意識が瞑想しているのと同じような、思考が止まって頭の中が空っぽになるような体験をしました。

最近では30〜40分はジョギングするのですが、走り終えた後は頭も心も非常にすっきりして気分が良くなっています。

「単純作業を続けていると瞑想状態になる」と言われます。同じ効果がジョギングでも出ているのでしょう。そのため街中を走っているときよりも、ジムのランニングマシンで走っている時のほうが瞑想状態になりやすいです。

他にも、テニス、ゴルフ、水泳と何でもいいのですが、**身体を動かすと、思考はぐるぐるさせることがどうしてもできなくなります。**

運動が苦手なら、裁縫や部屋のお掃除、お風呂洗い、絵を描く、カラオケで歌う、などでもいいでしょう。

思考の罠に一度ハマってしまうと、動き出すことそのものがめんどうになったりしますから、最初の一歩は大きな勇気が必要かもしれません。

「埒《らち》が明かないから身体でも動かすか！」と声に出して言ってみて、大きく伸びをしてみると動きやすくなります。

③直感の声に従ってみる

思考の罠にハマり込んでしまっているときにも、実は直感は働いています。

瞑想をしたり、身体を動かしたりしてみると、その思考が一時的にストップするので、そういう時に様々なアイデアが浮かぶことが多いものです。

私の実体験ですが、ジムでジョギングをして汗をたっぷりかき、ぼーっとしながらシャワーを浴びたり、クールダウンのためにカフェでお茶をしたりしていると、そこで様々な仕事のアイデアが浮かぶことが多いのです。

そのアイデアは考えて浮かぶものではなく、本当に「ふと」頭に浮かぶものです。

直感というのは、そんな「ふと」あなたのもとにやってくるものですから、その「ふと」思い付いたことを実践してみると、今までとは違う現実に出合えるようになります。

それが「直感の声に従ってみる」ということになります。

あなたも移動中や食事中、何かの拍子に「ふと」思いついたことを、実際に行動に移してみてください。不安かもしれませんが、それだけで人生を変えた人が実はとてもたくさんいます。

私が知る限り、いつも思考でぐるぐるしてしまう人は、元々直感的なタイプが多いようです。

だから、そういう人が思考をやめ、直感を使い始めると一気に人生が輝き始めることは珍しくないのです。

Chapter
4

「女性の楽しさ」を素直に受け取る

自分の中の女性的魅力を否定するのも、実は心に「メイク」をしている証拠。むしろ、それを認めていくことが、人生を豊かにする本当の下地になります。本章は、まだ活用しきれていない「女性性」についてお話しします。

不慣れな「すっぴん」がもたらすネガティブ感情

幼い頃からの環境のせいで、ほとんどの人が「仕方なく」自分に施した様々な心の「メイク」。

大いに役立つ一方、自分らしさを封じ込め、常に自分ではない「何者か」として生きなければいけない苦痛が生まれます。

そして、その「何者か」が本来の自分から離れてしまっているほど、あなたが抱える葛藤や悩みは大きくなります。恋愛や職場の人間関係、仕事の退屈さ、家庭内の問題だったりします。

心に「メイク」をしている期間が長ければ長いほど、「すっぴん」の自分を醜《みにく》いものとして否定し、嫌悪してしまいます。

だから、「何者か」として生きてきた期間が長いほど、「すっぴん」になった自分には「何もない」「何の価値もない」と思い込んでしまうのです。

しかし、当然ながらそれは誤解です。

「すっぴん」の心でこそ、あなた本来の魅力が存分に発揮されます。

「『メイク』をしないと愛されない」

「『すっぴん』の自分には価値がない」

長らくそう思い込んできたわけですから、すぐにこの新しい考え方に馴染むのは難しいでしょう。

長年、「メイク」に頼ってきた分だけ、それを落とした後には「不安や怖れ」、「燃え尽き症候群と疲労感」、あるいは「今までの自分を否定したくなる思い」などが次々と出てきます。

つまり、「メイク」に抑圧されていたネガティブな感情が出てきてしまうのです。

そこで、そんな「メイク」を落とした後に起こりやすい問題をクリアしていくことにしましょう。

「感じる」「つながる」が心のキーワード

心の「メイク」を落とし、本来の自分を受容し、自分らしい人生を実現していくために力ギとなるのが「女性性」のエネルギーです。**チャプター3で分厚い「メイク」を落とすのにも実は「女性性」を多用しているのです。**

私たちの心の中には「男性性」と「女性性」があり、それぞれ役割を分担しています。簡単に言えば、「男らしさ」「女らしさ」としてイメージできるものですが、主だった要素を挙げてみましょう。

男性性：主に「力」に関するものや「思考」的な要素。

《例》力強さ、たくましさ、継続性、思考、論理性、決断力、判断力、忍耐力、行動力、与える、聡明さ、（男性的な）優しさ、独立心、競争、論理的コミュニケーション、荒々しさ、厳しさ……など。

女性性：主に「感じる」ことや「つながり」の要素。
《例》柔らかさ、美しさ、かわいらしさ、ぬくもり、受け取る、受容、感受性、直感力、豊かさ、包容力、(女性的な)優しさ、慈愛深さ、つながり、協調性、感情的コミュニケーション、繊細さ、ゆったり、丁寧……など。

この「男性性」と「女性性」はそれぞれ個人差がありますが、車の両輪のような役割をしています。**相互に協力し合うことで、より自分らしい幸せや成功を手に入れられるのですが、生まれ育った環境などにより、「男性性」のエネルギーばかりを一方的に使うケースもあります。**

そのため、他人との競争心が生まれたり、ギリギリまで頑張ることができたり、物事を思考的に判断したり、行動力が発揮されたりします。

しかし、それゆえ、「女性性」とのバランスが崩れ、様々な問題が起きて苦しくなってしまうのです。

そこで、自立を手放して次のプロセスに進むためには、「男性性を手放す＝女性性を活用する」ことが必要となります。

チャプター3で様々な「メイク」を落とす方法をご紹介してきましたが、そこにも「女性性」が多用されています。

しかし、今まで「男性性」優位で生きてきた人にとって、急に「女性性」を活用するのは当然ながら大きな抵抗があります（パンツばかり穿《は》いていたのに、急にスカートにした時の違和感に似ています）。

だからこそ、心の「メイク」を落とすことに非常に抵抗を感じたり、「メイク」を落とすプロセスで様々なネガティブな感情（＝「メイク」のために抑圧してきた感情）が出てきてしまうのです。

心の「メイク」を落とせば、不安になって当たり前

長年、あなたが親しんできた心の「メイク」は、「自分を守る」という面で大いに役立ってきました。

だから、その「メイク」を落としたときに真っ先に感じる感情は、「このままで大丈夫？　周りから愛されなくなるんじゃ？」という不安や怖れです。

「メイク」を落とすというのは、自分を守っていた鎧《よろい》を脱ぎ、武器を捨てて丸腰になるようなものです。せっかく「メイク」を落としたのに、その不安感から再び新たな「メイク」を自分に施したくなることだってあるでしょう。

そこで、その不安や怖れの本質を、じっくりと見つめてみることにしましょう。

あなたは、何に不安を覚えているのでしょう？

どうなってしまうことが怖いのでしょう？

よくある不安の具体的な例を列挙してみますので、当てはまるものにチェックしてみてください。

□必要とされなくなって、居場所がなくなるのではないか？
□ばかにされたり、見下されたりするんじゃないか？
□相手にがっかりされたり、「期待はずれ」なんて言われたくない
□自分がすごく弱くなったように感じる
□今までの頑張りが無駄になるんじゃないか？
□誰からも愛されなくなるんじゃないか？
□ちゃんとしていない自分なんて何の役にも立たないのでは？
□誰も相手にしてくれなくなってしまうのではないか？
□揉め事が多くなるのは嫌だ
□周りから孤立してしまうんじゃないか？
□何もしない怠け者になってしまうんじゃないか？

こうした不安や怖れは、ますます「メイク」を塗り固める要因です。

大切なことは、そうした不安や怖れは「『メイク』を落としたから感じるようになった」わけではなく、「『メイク』をしている最中もずっと心の中にあった」ということです。

今までは分厚い「メイク」に隠してきた感情が、「メイク」を落としたことによって表に出てきただけなのです。

こうしたとき、まずは「そんな自分を肯定する」ということが重要です。

私たちは、**不安や怖れを感じている自分を否定し、攻撃する習性があります。**

だから、自分を否定せずに「だよねー、不安になるよねー、怖いよねー」とただ受け入れてあげましょう。

怖がる自分を優しく抱きしめて次のメッセージを何度も何度も心に語り掛けてあげてみてください。

「大丈夫。『すっぴん』の自分にもちゃんと居場所はあるし、むしろ人から慕われるようになるよ」

「ばかにする人がいても、相手の問題だし、あなたには関係ないよ」

「誰かにがっかりされても、あなたを必要としてくれる人はいるから」

「弱さを嫌わないで。弱さを認めたら人の助けを受け取れるようになるでしょう？」

「今まで頑張ってきたことは、決して無駄にならないから安心して」

「あなたは自然と誰かの役に立ってる。ちゃんとしてなくても誰かを助けているのよ」

「あなたを愛してくれる人は、これからも現れるから大丈夫」

「言いたい放題でケンカになっても、自分を押し殺すより価値があるよ」

「怠け者になっちゃっても大丈夫。それが自然な姿なら愛されるに決まってる」


こうした言葉たちは、最初はピンと来なかったり、心が抵抗したりするかもしれません。

ですが、**何度も何度も繰り返しその言葉を自分にかけてあげることで、だんだん心もそれを受け入れていくでしょう。**

そうすると、だんだん不安や怖れは少なくなっていきます。

このアプローチは「ありのままの自分を許す」という意味があり、「すっぴん」になった自分を肯定することになります。

そして、すでにお気付きかと思いますが、これらのメッセージはとても女性的なもの、つまり「女性性」ばかりですよね？

優しく受け入れ、諭《さと》し、励ます「お姉さん」や「お母さん」のようなイメージが湧きませんか？

あなたの不安や怖れを溶かすのに、「女性性」が役立つのです。

「過去のダメな自分」も、全力で頑張っていた

心の「メイク」をとり、「すっぴん」になったとき、今までの自分にダメ出しをしたくなることもあるでしょう。

「なんでこんなに無理をしてきたんだろう?」

「なんで他人と競争ばかりしてきたのだろう?」

「なんでそんな疲れる生き方をしてきたのだろう?」

その当時の自分が苦しかった分だけ、もう二度と「メイク」なんてしたくない、あの時代に戻りたくない、と自分にダメ出ししてしまうのです。

「あのときの自分は間違っていた」

「あの生き方は苦しいだけで何も残らなかった」

そんな風に過去の自分を否定してしまいたくなるのも、無理はありません。

ですが、実はこれは「自分を否定する習慣」の名残《なご》りなのです。

「メイク」をしている間は意識の有無にかかわらず、「このままでは嫌われる」と、ずっと本来の自分を否定し続けていました。

「メイク」を外していくプロセスの中で、この「自分を否定する習慣」が残っていると、今度は『「メイク」』をしていた昔の自分」を強く否定するようになります。

だから、改めて「自己肯定」が大切になります。

「それだけ苦しかったんだよね。本当は、あんな分厚い『メイク』したくなかったんだよね」

そう自分自身に語りかけてあげます。ここでもありのままの自分を受け入れる「女性性」が力を発揮します。

もし「そのときの自分を否定しちゃいけない。受け入れなきゃいけない」と強く思うと、また新たな争いが心の中で生まれます。

「過去の自分を否定したい自分」と「過去の自分を否定しちゃいけないと思う自分」とで対立してしまうのです。ここでは、その両方を受け入れるのです。

ここでチャプター3でお話しした「メイク」のメリットを思い出してみてください（82ページ）。

「メイク」することは苦しみを生む一方で、何らかの価値や恩恵をあなたに与えてくれていました。

改めてその恩恵を受け取ることによって、心に「メイク」をしていた時代が無駄どころか、自らの成長につながっていると実感でき、葛藤を静められるのです。

繊細になったら、それが本来の魅力

心の「メイク」を落とすとは、今まで自分を守ってくれた鎧を脱ぎ、武器を捨てるようなものです。

だから、自分が以前に比べてものすごく弱くなったように感じる人もいます。

特に今まで「弱さ」を嫌って競争してきたり、強がってきたり、頑張ってこられたりした場合、弱い自分と向き合うことがすごく嫌で、また「メイク」をしたくなるかもしれません。

ある女性はこんな話をしていました。

「最近、何かと涙もろくなったように感じるんです。ドラマを見ていても涙が急にあふれてくるし、友達の失恋話を聴いていたらついもらい泣きしてしまったり……。そんなこと、今までなかったのでびっくりしています」

また、別の女性はこう話していました。

「ここ最近、人の心の動きに敏感になってしまったようで。以前なら気にしなかった他人の目がすごく気になるようになったんです。そんなに繊細だったのかなと改めてびっくりしていて、こんなんじゃ仕事ができなくなるんじゃ……」

「メイク」を落とすと、このような変化を体感する人は珍しくありません。

ですが、そうしたお話を聞くたびに私はこう励まします。

「とても順調ですね！『メイク』が落ちて、『すっぴん』になってきた証拠ですよ！」

なぜなら、自分が弱くなったように感じるのは、苦しい自立を手放し、相互に頼り合う世界に足を踏み入れる準備ができた表れなのです。

同時に、

「本来はそれくらい感受性が強い人だったんですね。隠れていた素顔が急に出てきたらびっくりしますが、**しばらくすると慣れますから、そのままでいてくださいね**」

ともお願いします。

自立を手放すと、より強い感情を抱きやすくなり、感受性も高くなり、繊細になり、敏感になります。

今まではそうした心の動きを「メイク」がカバーしていただけで、それは本来のあなたの姿なのです。

涙が出てきたり、人の心の動きにびくびくするようになったりするのはちょっと怖いことのように感じるかもしれませんが、それだけ豊かな感情や感受性をお持ちという証。

「メイク」を落とした直後は、今までにない感情の動きにびっくりすることでしょうが、それを生かしていく方法に意識を向ければどんどん長所になり、魅力になっていきます。

だから、「これでいいんだな。これで順調なんだな」と思って、そのままでいてください。

「すっぴん」に自信をつける語りかけ

「そのままの自分では愛されない」と思って施してきた心の「メイク」。

もし「メイク」を落としてしまったら、「自分は愛されない」という思いだけが残ってしまうケースもあります。

私たちはかつて家族や学校、恋愛などの人間関係で傷つき、その傷を守るために「メイク」をして自分を守ってきました。

そして、その「メイク」がもう不要であると気付きました。

そのプロセスを肯定するだけでも十分に自己肯定感が高まり、自信がついてきますが、「すっぴん」の自分を愛するにはどうしたらいいのでしょう?

「女性性」を活かしたアファメーションとイメージワークをご紹介します。

アファメーション&イメージワーク

目の前に大きな鏡があると思って見てください。

そこに「すっぴん」になった自分の心を映し出します。

長年親しんできた「メイク」を落としたばかりで、不安や怖れ、あるいは、疲労が表情に残っているかもしれません。

しかし、以前よりも自然体で、楽になっている様子もうかがえます。

そんな鏡の中の自分に次の言葉を語り掛けてあげましょう。

「あなたはそのままで十分美しい。
あなたはそのままで十分愛されるにふさわしい。
今のあなたはとても自然で、柔らかく、軽やかな雰囲気をしている。
まだ『メイク』を落としたばかりで実感はないかもしれないけれど、
これからあなた本来の魅力がどんどん輝きを増していく。
あなたはこれからますますキラキラして美しくなっていく。
あなたはこれからどんどん自分らしい生き方ができるようになる。
だから、大丈夫。

あなたはそのままで十分素晴らしい」

イメージの力を使って、鏡の中の自分がきらきらと輝き出し、美しい光を放ち、そして、自然な笑顔になっていく姿を想像してみましょう。

そして、その鏡の中の自分をそっと、優しく、抱きしめてあげます。

ふわっと柔らかい雰囲気の女性が、腕の中にいるシーンを想像してみてください。

（終わり）

このアファメーションとイメージワークは、すぐに心に染み込んでこなくても構いません。

「今」を受け入れ、「未来」に希望を持たせることが目的ですから、最後にうまく笑えなくても構いません。

時々、その鏡を思い出して、このアファメーションを自分に投げかけてあげるだけでいいのです。

「本来の魅力」リストを作る

ここであなたの「魅力」や「価値」を受け取っていくことにしましょう。

心が「すっぴん」になった自分の魅力を見つけるために、いくつかのワークをご用意しました。チャレンジしていただいて、「今」の自分、「本来」の自分の魅力の数々を見つけてください。

①幼少期のあなたはどんな子？

もし、手元に幼少期（4～5歳まで）の写真があれば、それを何枚か見つめてみましょう。

写真がない場合は、心の中に4～5歳くらいの女の子を想像してみてください（想像するだけでオーケー）。

その子のいいところや魅力的なところ、かわいいところなどを見つけ出してノートなどにメモしてみてください。

あなたがまだ心に「メイク」をする前に持っていた、本来の魅力がそのリストになります。

②成長したらどんな素敵な女性になるだろう？

①の子が、そのまま大人の女性になっていく姿を想像してみてください。

魅力を持ったまま大人になったなら、彼女はどんな女性に成長していくでしょう？

そして、大人になった彼女が持つ魅力を、①のリストに新たに付け加えていきます。

もちろん、**その女性が「本来のあなた」の姿と言えます。**

③街に出て、魅力的だと感じる女性を見つける

街に出てお茶などしながら周りにいる女性を観察し、今のあなたが「あの人、素敵

だな」と思う人を探してみましょう。

その人に魅力を感じた点を、①のリストに書き加えていきます。

また、魅力的に感じる人が見つからなくても、近くの女性を「この人はどんな魅力があるんだろう？」と観察して魅力を見つけていっても構いません。

このどちらのやり方でも、他人に見る魅力はあなた自身が持つ魅力なのです。

これは「投影の法則」を用いたものです。

④「憧れの女性」は誰？

今のあなたが「あんな風に生きたいな」「あんな風になりたいな」と思う人を思い浮かべてみてください。

それはあなたの周りにいる人でも、女優やモデルでも構いません。

「その人のどんな要素に魅力を感じているのか？」「その人の何に憧れているのか？」を自由に想像して、①のリストにさらに書き加えていきます。


あなたが「憧れ」を感じる人は、あなたが本来の魅力を発揮したときに解放される

魅力なのです。

さて、あなたの手元のリストには、いくつくらいの魅力がリストアップされたでしょうか？　もしも重複するものがあったとしても、もちろん大丈夫です。それこそ、まさにあなたを代表する魅力だということです。

注意すべきことは、このワークを「ちゃんとやろうとしない」ことです。

特に「完璧主義メイク」だった人は、要注意です。

「まだ『メイク』がちゃんと落とせていない」などと思う必要はありません。

自己否定の癖が残っていると、これらのリストを疑いの目で見つめるようになります。そこで無理やりそれが魅力だと思い込もうとすると再び葛藤が生まれます。

そんなときは「まだ素直には受け取れないよねー。信じられないもんねー」とまずは肯定してあげます。

その上で「でも、こんな魅力があったらいいよね。本当だったらすごいよね」と自分に語りかけてあげます。

自分の否定的な思いと戦わずに素直に受け入れていくと、少しずつ慣れ、「ああ、こ

れが自分の魅力なんだな」と受け入れられるようになっていきます。

そこで自分と戦ってしまうとこのリストを眺めること自体が苦痛になってしまうので注意してください。

あなたの手元にある魅力のリストを常々見つめ直してください。

あるクライアントさんは毎朝、通勤で電車に乗るときに写真を撮ってスマホに保存していたこのリストを眺める習慣を始めたそうです。

1か月くらい経った頃、自分に自信がついた気がして、以前よりもずっと自分のことが好きになっていたそうです。

「女性性」を解放して自分に磨きをかける

自立を手放して「女性性」を優位に生きられるようになると、とても自分らしく、楽に、そして、自由を感じられるようになります。

この章の最後に、「女性性」を解放するワークをご紹介したいと思います。

①あなたの理想の女性像は？

「『本来の魅力』リストを作る」④（169ページ）で「憧れの女性」についてワークをしていただきましたが、それととてもよく似た課題です。

ここでは、あなたの理想の女性像を自由に書き出していきます。

映画が撮影できるくらいのレベルで具体的にイメージするのがコツです。そのために、イメージを何度も修正したり、書き加えたりしていきます。

その際、次のような質問に答えていくと、理想の女性像をよりイメージしやすいでしょう。

□どんな雰囲気を持った女性ですか?
□どんな長所、魅力を持っていますか?
□どんなパートナーとどんな関係を築いていますか?
□どんな仕事をしていますか?
□どんな友人を持っていますか?
□どんなファッションを好みますか?
□何か趣味を持っていますか?
□休日や長期休暇をどんな風に過ごしますか?
□将来の夢は、何ですか?

ここに挙げた質問以外の要素が出てきても、もちろん構いません。

この理想の女性像が、あなたの本来の姿に近いものを表しています。すぐには信じられないイメージが出てくるかもしれませんが、大丈夫です。

なぜなら、理想の女性像を描くのは、その雰囲気や人となり、生き方などを自分の心にインストールするためだからです。

ここで思い描いた理想の女性像を、ただ感じるだけでいいのです。だんだんあなたの中にこの女性の要素が定着してくると、自分がどんどん変わっていきます。

②感情を大切にし、感性を刺激する

「女性性」の大きな特徴は、「感じる」こと。だから、感情を動かすことが女性性を解放することにつながります。

一方、「男性性」の特徴は「思考する」こと。なので、自立すればするほど感情が抑圧され、思考にエネルギーが割かれるようになります。その結果、感情に蓋をして、感情がわからなくなっていきます。

ところが、「幸せ」や「豊かさ」、「感謝」、「成功」といったものは主観で「感じるもの」です。感情を抑圧して感じないようにしていると、どれだけ客観的に成功していたとしても、喜びや幸せを実感できなくなってしまうのです。

映画、ドラマ、小説などは感情を確かめられる最たるものです。「泣きたいから泣ける映画を観る」という人も多いかと思います。

また、美術展やアーティストのライブ、海や山の自然に触れることも感受性を高めることになります。**これらの方法は「女性性」をより高めると同時に、思考を休憩させてあげる効果もあります。**

また、「恋をする」こともとても効果があります。誰かに恋をしていると様々な感情が動きますから、「女性性」は一気に開花します。対象はアイドルやミュージシャンでも構いません。

③「好きなものを好き、嫌いなものを嫌い」と言う

自分が好きなものを好き、嫌いなものを嫌い、と素直に言えますか？

「男性性」が優位で自立して思考的に生きている状態では、「あれ？　私、何が好きだ

ったんだっけ？」「好きだと思ってたけど、ほんとに好きなんだろうか？」などと自分の気持ちに疑問を持つようになっていきます。

好きなものがわからない状態に陥ってしまっているケースも少なくありません。

そこでお勧めしたいのが「好きなもの、嫌いなものをそれぞれ100個リストアップする」というワークです。やってみると意外と難しい上に、さまざまな気付きが得られる、私がよく宿題として出すものです。

「30～40個くらい書き出した段階で気づいたんですけど、これ、本当に私が好きなものじゃなくて、周りの人が考える『私なら好きなもの』を書き出していたんです」

そんな声をクライアントさんからいただくこともあります。

また、「嫌いなもの」を書くのに抵抗があったり、いざやろうとすると「何も書けない、思い付かない」となってプチパニックになってしまった人もいます。

逆に、そうした抵抗を感じながらもこつこつと「好きなものは何？　嫌いなものは何？」と自分の心に問いかけていくことで、「女性性」が徐々に開いていきます。

それはさらに心の「メイク」を落とす効果もありますので、時間をかけてじっくり取り組んでみてください。

④受け取ることに慣れていく

「女性性」の特徴のひとつは「受け取る」ことです。「与える」ことにばかり意識が向いていると、受け取り下手になってしまうことがよく起こります。

「なんで私ばっかり頑張らなきゃいけないの！」

「どうせみんな私任せで全然動いてくれない」

「もう、自分には与えられるものが何もない」

などの不満を感じたことはありませんか？

もしかしたら、それはあなたが周りからの援助や思いを「受け取れない」ことから生まれた不満かもしれないのです。

「与える」と「受け取る」は循環していて、与えてばかりで受け取ることを忘れていると、やがて何も与えるものがなくなります。それが先ほどの不満を生む原因です。

だから、「受け取る」ことを意識することは、「女性性」を解放することにつながります。ここでは、チャプター3で紹介したものとは異なるアプローチを紹介しましょう。次の3つの質問に答えてみてください。

（1）あなたが幸せになったら喜んでくれる人は誰でしょう？
（2）あなたの幸せを祈ってくれている人（祈ってくれていた人）は誰でしょう？
（3）あなたを愛してくれている人（愛してくれていた人）は誰でしょう？

「友達」とか「職場の人」という曖昧な表現ではなく、具体的な名前を書き出してみましょう。答えが重複しても構いません。はじめは誰も浮かばなくても諦めずにあれこれ思いを巡らせてみてください。

あるクライアントさんは親から全否定されていましたが、いつも気を遣ってくれるおばさんのお陰で救われたと言います。また、同じように育児放棄された家で育ったあるクライアントさんは、学校の先生に助けられたそうです。

私たちは人からの愛がないと生き残れません。すぐに思いつかなくても必ず「誰か」の顔が浮かんでくるはずです。職場の優しい先輩、学生時代の部活顧問、バイト先の店長、旅先で優しくしてくれた人……本当に色々な人と私たちは接しています。

その人たちの愛を受け取ることができると、あなたは無理に頑張らなくても愛されていることを理解できるようになっていきます。

そうすると無理をしたり、頑張り過ぎたり、考えすぎたり、犠牲になったり、我慢したり……という自分を苦しめる行為を繰り返さずに済むようになるのです。

⑤ゆったりした時間を自分に与える

「女性性」のリズムは、ゆったりと流れる川のようにゆるやかなものです。

だから、そんなゆるりとした空間に自分を置くことで「女性性」が解放されやすくなります。

ゆったりした空間は「女性性」にとって、とても居心地の良い場所なのです。時間がゆっくり流れる南の島で人々が癒されるのは、「女性性」の力によって自立がゆるむからでもあります。

とはいえ、忙しい日常の中ではなかなか南の島への旅も難しいのが現実。

多忙の毎日でゆったり過ごせる空間探しは、「女性性」を解放するためにはとても大切です。広々とした部屋でのエステやマッサージルームもぴったりの場所になるでしょう。

さらに、ラグジュアリーホテルのラウンジなどの優雅な空間は、そのサービスの高さから「受け取るワーク」にもなります。お姫様になったような気分を味わうことができますし、もちろん魅力的なスイーツやドリンクを味わってもいいでしょう。

思い付いたときにそんな空間へ足を運ぶと、「女性性」が開花して、より自分が解放されるのを実感できると思います。

⑥直感や感性に従ってみる

「女性性」が解放されてくると、あなたは以前にもまして直感の声が聞こえるようになる一方で、自分の感覚や感情を無視して行動することが苦痛になってきます。

心の「メイク」を落として自由になったクライアントさんたちが、

「これまでできていた仕事にとても苦痛を感じる」

「最近、ずいぶんずぼらになったような気がします」

「時間を守れなくなって、遅刻が増えてしまいました」

と報告してくれます。

「女性性」が解放されて理性よりも感性を優先できるようになったおかげでしょう。

その流れを止めず、「直感」の声・自分の感性に従って生きることを実践していきましょう。

例えば、仕事帰りにふと「ちょっとワインを一杯飲んで帰りたいな」と思いついたとします。

すると思考は**「今日は疲れてるし、早く帰って寝たほうがいいんじゃないの？ 明日だって朝早いんだよ？」**と語り掛けてくるかもしれません。もちろん、その声に従うこともアリなのですが、でも、あえて最初の直感に従ってみます。

そして、何となく気になった店に入ってワインを一杯飲んで帰ってみるのです。

そのとき、どんな気分になるでしょう？

多少の罪悪感を覚えるかもしれませんが、解放感や心地よさ、ゆるむ感覚も味わえるのではないでしょうか。

もしかしたら、素敵な店やマスターとの出会いがあるかもしれませんし、その店でばったり旧友と再会することだってあるかもしれません（私のクライアントさんの実体験）。

直感の声に意識的に従ってみることで、人生がどんどん好転していく人がたくさんいるのです。

Chapter
5

「すっぴん」の心がもたらす自由な未来

心が「すっぴん」での人付き合いは、不安になったり、自信がなかったりするかもしれません。しかし、しっかり心の「メイク」を落とせば、ワクワクを感じられるはず。本書の最後に、人間関係の新しい築き方をお伝えします。

「自分がどう思うか？」を大事にできる

心の「メイク」を落として「すっぴん」になると、あなたは自然と周りの目が気にならなくなります。

なぜなら、「人にどう思われようと、私は私なんだ」という「自分軸」を確立することができるからです。

人にどう思われるかが気にならなくなったら、あなたはいつも自分らしく振る舞えますし、人間関係においても主体的に行動を選択できるようになります。

例えば、仲良くしていた同僚から「相談があるんだけど、ちょっと付き合ってくれない？」と話しかけられた時。

あなたは納期が迫った仕事を抱えており、仕事が終わったら早く家に帰ってゆっくりその日の疲れを癒したいと思っていました。

「メイク」をしていたときのあなたであれば、そのような状況であったとしても無理やり「うん、いいよ。大丈夫。じゃあ、すぐに仕事終わらせるからご飯食べながら話そうか？」などと答えていたかもしれません。

「せっかく私を頼ってくれたんだから、それに応えないのは申し訳ない」

「相談に乗らなかったら『あの人は冷たい』と言いふらされてしまうかも」

などと考えてしまうでしょう。悪いことではないのですが、自分の本音を抑えてしまったことは確かです。

しかし、「自分軸」を確立されれば、次のように2パターンを考えられます。

A 仕事が忙しいから今日相談に乗るのは無理。でも、せっかく相談を持ち掛けてくれたのだから、納期後ならいつでも大丈夫。それまで待ってもらおうか。

B 本当は早く家に帰って休みたいけど、大切な同僚の相談だから、ここは一肌脱いで話を聞いてあげるのも悪くない。

「A」または「B」という選択肢を持つことができるのです。

しかも、**どちらも「相手にどう思われるか？」**を気にした態度ではなく、あくまで**自分の状況を踏まえて、その上で相手のことを考えるという大きな変化があります。**

「すっぴん」になって「自分軸」が確立されると、人にどう思われるかよりも、自分がどう思うかをまず考えられるようになります。

相手の気持ちに配慮することができるようになっているのです。

もちろん、ここでは「A」を選んでも「B」を選んでも、どちらでも構いません。

心を「すっぴん」にするだけで、主体性を持って行動できるようになるのです。

自分と他人を比べて疲れなくなる

「すっぴん」の自分を承認できるようになると、他人と比べることもなくなっていきます。

そもそも、私たちは誰かと自分を比べる前提として、「相手の良いところと自分の悪いところを比べる」(劣等感)か、「相手の悪いところと自分の良いところを比べる」(優越感)があります。

それらによって自分を否定したり、慰めたりしてきました。どちらも相手を基準として自分の座標を決めてきましたから、考え方が「他人軸」になっています。

ところが、心が「すっぴん」になると、そうした他人と自分を比べることに意味がないことがわかってきます。相手は相手で、自分は自分だからです。

すると、心は不思議なほど軽く、そして、自由を感じられるようになります。

例えば、チャプター1のMさんは強い競争心を持ち、常に周りの人と自分とを比べてきました。プライドが高いので、相手のほうが優れていると思うとものすごく悔しくて、その相手を否定して攻撃したりすることもありました。

そんな彼女が時間をかけて「すっぴん」の心になっていったときに、本人もびっくりする変化が訪れていました。

「東大卒でめちゃくちゃ優秀な同僚といつも張り合っていた私でしたが、最近は彼のことをすごく頼もしくて、頼りがいがあると思えるようになっていたんです。

先日も仕事で行き詰まっていたので、その分野が得意な彼に相談してみたところ、『お前がそんな相談をしてくるとは思わなかった』と彼もびっくりしていました」

とご報告をいただいたほどです。

誰かと自分との比較をやめると、自然と相手の長所や魅力が受け入れられ、リスペクトできるようになります。比べている間はただ卑屈になるだけ、嫉妬するだけだったのに、それが手放せると相手を頼ることすらできるようになっているのです。

出会う人のタイプが変化していく

髪の毛は毎日伸びていても、長くならないとなかなか気付けません。

心の変化は、それと同じで自分では気付きにくいものです。

しかし、あなたの変化はもう少しわかりやすい形で実は現れているのです。

それは「出会う人の変化」です。

この変化には、大きく2パターンあります。


ひとつ目は、今まで出会えなかったタイプの人と出会うことが増えた、ということ。

例えば、チャプター1のHさんは、ある時から依頼者のタイプが急に変わり始めました。

「以前はけっこうドロドロした問題を扱うことが多く、依頼者もどちらかというと依存的なタイプが多かったんですよね。私も味方になりたくて『何とか頑張ろう！』としてきたんですが、正直ちょっとしんどいこともありました。

それが最近は不思議と紳士・淑女的な人ばかりから依頼をいただくようになったんです。料金についても『それくらいでいいんですね。了解しました』とポンと支払ってくださって。何かとても楽なんですね。案件自体は難しいものも多いのですが、今までとは全然違う感覚で仕事に取り組めているんです」

ここでいう「今まで出会えなかったタイプ」とは、端的にいえば「尊敬できて、自分が自然体で楽に付き合える人」です。

何度かそういう変化を感じても「偶然じゃないか?」と思ってスルーしてしまいがちですが、**今まではあまり出会わなかった人に出会えたことは自分自身が成長（変化）した明確な証なのです。**

二つ目のパターンは、すでに出会っていた人の態度が変わるというものです。

例えば、チャプター1で犠牲的な生き方をしていたKさん。旦那さんは仕事ができるものの自己中心的で、モラハラ的な言動を繰り返す人でした。

彼女はそんな彼にだいぶ振り回されてきたのですが、自分自身と向き合い、「犠牲メイク」を落とすだけでなく、アイデンティティを取り戻したり、無価値感を癒したりするプロセスに取り組んでいきました。

それでも「私って変わったんですかね？　全然実感がないのですか？」とおっしゃっていたのですが、あるとき旦那さんの態度が一変します。

急に優しい態度になり、家事も手伝ってくれるようになり、今まで決して口にしなかった「ごめん」や「ありがとう」を言ってくれるようになったのです。変化があまりに急だったので気持ち悪さを覚えて逃げ出したくなるほどでした。

ただ、しばらくすると「これが彼の本当の姿なんだ」とわかってきました。

それからは彼女も言いたいことが言えるようになり、彼とのコミュニケーションが増えました。密かに考えていた離婚計画は破棄され、今も夫婦仲良く暮らしていらっしゃいます。

彼女の他にも、

「職場の人間関係が一変したんです。今までは陰でお互いの悪口を言い合うような殺伐とした雰囲気だったのですが、気が付けば、みんな優しく、お互いに気遣いができる、風通しのいい職場になっていたんです。それに気付いたときは思わず嬉しくなってしまいました」

といったご報告をたくさんいただいています。

これらの変化はすべて「私が変わったから周りが変わった」と思って良いものなのです。

ライフワークを生きられるようになる

心を「すっぴん」にすると、人からどう思われようが気にならなくなるし、人と自分を比べることがなくなるので、その結果、自分らしい人生を主体的に選択できるようになります。

これは仕事に限らず、パートナーシップ、家族、趣味、友人関係など、あらゆる関係性を「自分らしくデザインしていくこと」です。

「自分らしくデザイン」とは、どの関係性においても自由であり、心地よくあり、ワクワクしている状態であり、未来に希望を見ていることです。

こうした状態を、私は常々「ライフワークを生きる」と表現しています。

すぐにはそんな世界が存在するとは思えないかもしれませんが、今、心を「すっぴん」にしたあなたには可能なことなのです。

どんどん「女性性」を活かして自分の直感を信頼し行動していくことで、ますますライフワークが現実となっていくのです。

今回はライフワークを見つける具体的なアプローチには深く触れませんが、あなたのライフワークにつながるワークをひとつご紹介しておきたいと思います。

①理想の家の間取りを描く

予算などは一切考えなくても構いません。あなたが「こんな家で生活できたら最高だな！」と思える家の間取りを自由に描き出してみてください。

外観や駐車場、景色などにも意識を向けてみるといいでしょう。

また、いくつかパターンが浮かぶ場合、「別荘」と考えてください。つまり、理想の家の間取りが何パターン出てきても構いません。

②理想の家で過ごす1日を自由に想像する

①で描いた理想の家であなたはどんな風に1日を過ごすでしょうか？

誰と暮らしている？　仕事は？　その日の予定は？　朝食はどうする？　どんな服を着る？……と自由に1日を描いてみてください。メモやノートに書き出すのも素晴らしい試みです。

ここで書かれた1日は「ライフワーク・ストーリー」といえるものです。

だから、その間取りとライフワーク・ストーリーを日々眺めながらイメージしていると、それがいつか現実のものとなるのです。

ライフワークのさらに具体的な見つけ方や実例などは拙著『つい「他人軸」になるあなたが7日間で自分らしい生き方を見つける方法』（あさ出版）を参考にされてください。

本当の願望を実行に移せる

プライドが高かったチャプター1のMさんは、自立を手放すことには相当抵抗がありましたが、負けを認め、相手の価値や魅力を素直に認め、日々誰かに感謝することを意識するようになってどんどん雰囲気が変わっていきました。

私がお会いするたびに、表情や雰囲気が柔らかくなっていったのは印象的です。

自立していた人は自分が納得すれば変化は速いもので、あっという間に人生を変えられる強さを持っているんです。

彼女も肩の荷をどんどん下ろして楽になっていくのを感じており、周りの人たちも口々に、

「なんか雰囲気が変わったよね」

「とげとげした部分がなくなって話しやすくなったよ」

などと声をかけてくれるようになっていきました。

今までは会社から認められるために頑張ってきた彼女が、だんだん周りの人に仕事を振れるようになり、同時に自分が本当にしたいことが見えてきたのです。

元々美容やオシャレに興味を持っていた彼女が、それを自分の理想のビジネスにつなげたいと思うようになったのです。

そして「女性の美を追求する事業を立ち上げたい！」と思い始めてから、ますます彼女の行動力に拍車がかかり、忙しくても楽しく、充実した日々を送るようになったのです。

一方、彼女の結婚願望については「いずれはしたいと思うけど、今は仕事のほうが面白い！」としばらく先延ばしになりそうです。

実はこれはとてもいい傾向で、本来の自分を取り戻すことが素敵なパートナーとの出会いにとても重要だからです。

人の期待に応えることで自己犠牲を繰り返していた、チャプター1のHさんのケースで考えてみましょう。

お話ししたように、Hさんは期待を手放し、「自分軸」を確立していった結果、クライアントが付き合いやすい人に変わり、以前よりも楽に仕事ができるようになりました。

「自分軸」が確立されたので地に足が着き、自分の価値や魅力をどんどん認められるようになって雰囲気も変わっていったのです。

周りの人から「最近すごく色っぽくなったよね」と言われることが増え、既婚者からの誘いも急増したのですが、「自分を大事にしたいから」とそうした声をはねのけられました。

そんなある日、仕事を通じて外資系金融機関に勤める人と知り合いました。彼の猛烈なアプローチの結果、わずか出会って3か月で入籍する運びになりました。

彼は仕事が忙しいにもかかわらず、彼女との時間を最優先してくれて毎日のように美味しい料理を作ってくれ、彼女は穏やかな結婚生活を送っているそうです。

やさしさに満ちた「今」に気付ける

「大丈夫です」が口癖だったチャプター1のRさん。

カウンセリングのはじめは「全然大丈夫じゃない」と繰り返すたびに、なぜか涙があふれてきました。

しかし、続けていくうちに肩の力が抜け、だんだん素直な気持ちを認められるようになりました。子どもの頃にとても寂しかったこと、両親にすごく怒っていたことも思い出しました。

両親も頑張っているのにそんな人たちに怒りを覚えるなんて……という自己嫌悪も出てきたのですが、でも、それはとても大切な気持ちです。仕事に忙しいとわかっているとはいえ、寂しいものは寂しいし、怒りを覚えるときは覚えるものなのです。

両親をはじめ、様々な場面で自分が人に与えてきたものを、彼女は徐々に受け取り始めます。

そうすると、今まですごく気を張って生きていたことに気付くようになります。それだけ楽になった証拠です。

しかし、それまでの疲れがどっと出てきたのか、時折ぼーっとして過ごすことが増えてミスが増えてしまいました。ですが、周りの人に救われるようになります。同僚や先輩が「大丈夫？」と声を掛けてくれたり、「体調悪いの？　帰ったら？」とみんなすごく優しいんです。

Rさんはある日、勇気を出して早退することにしたのです。「大丈夫」が口癖だった頃には考えられないことでした。

他にも周りの人の優しさを感じる場面がすごく増えて「私はこんなにも愛されていたのか」と実感して、みんなに感謝の気持ちでいっぱいになったのです。

そして、あるとき実家に帰省した際、両親に「実はずっと寂しかった」と思い切って伝えてみたんです。

すると両親は「やっぱりそうか。本当にごめんね。寂しい思いをさせたよね」と謝ってくれたのです。

そのとき両親も口に出さずともずっと罪悪感がいっぱいだったことに気付き、自分が彼らのもとに生まれてきたことが本当によかったと思うようになったのです。

その出来事以降、地元への思いもガラッと変わりました。**今までは地元があまり好きではなく、早く離れたいと思って都内で一人暮らしをしていたのですが、地元の魅力にたくさん気付くようになりました。**

そして、近々思い切って会社を辞めて、両親の家の近くに引っ越しをしようかと考え始めています。

両親の側にいて、彼らに何かあってもすぐに駆け付けられますし、何よりも子ども時代にできなかった「仲の良い家族」が今ならできそうと思うからでした。

真の意味で「大丈夫!」と言える

完璧主義者だったチャプター1のAさんは、私とのカウンセリングでも「ちゃんと根本さんが言うことを理解しなきゃ。ちゃんと宿題をこなさなきゃ」と強く思っていましたが、できない自分を受け入れ、許し始めると、自然体で振る舞えるようになってきました。

ふと「今の自分で全然大丈夫じゃん!」と自然と思えたのです。**今まで頑張ってきた自分がとても健気に思え、愛おしくなってきました。**

同時にお姉さんの抱える「しっかり者の長女」としての苦労がわかってきたのです。あるとき、お姉さんと腹を割って話すチャンスがやってきました。お姉さんから、「お母さんに怒られるのが嫌で、本当は遊びたかったけど宿題とか頑張ってしてていたの。ぼーっとして何もしないあんたが羨ましかった。

あんたは美人だし、小さい頃から男の子にモテてたよ。抜けてるところもかわいいじゃん。言われたことをちゃんとかみ砕く理解力もあるし。人の悪口だって言わないし、いろんな人を受け入れられる器があると思うよ」

と、考えていたことやAさんの価値をたくさん伝えてくれたのです。尊敬している姉からそんな風に褒められて、彼女は一気に自信が回復していきました。

自分では全然評価していなかったけれど、どこにいってもかわいがられ、受け入れられることに気付いたのです。彼女はいつも周りの人に助けられてきたことを悟り、ますます感謝の気持ちでいっぱいになったのです。

「私はそのままで十分愛されてるんだ！」との確信は彼女に深い自信を与えました。

その頃からやりたいことが次々見つけるようになり、どんどんイキイキとして自分らしい人生をデザインし始めました。海外でも暮らしたいし、違う仕事もしてみたい。いろんな人との恋を楽しみたいし、海が好きなのでサーフィンにもチャレンジしてみたい……。**今まであまりやりたいことがなかった自分が嘘のようでした。**

完璧主義を手放したら、心がどんどん自由になり、そして、自分の器の広さや愛されキャラであることを受け入れることができて生きやすくなったのです。

今までの行動すべてに価値を見出せる

犠牲になってばかりいたKさん。

自分を承認し、アイデンティティを取り戻したり、無価値感を癒したりしていくと旦那さんが急変した話はすでにお伝えしました。

そのプロセスにおいて、彼女に起きた変化はそれだけではありません。

彼女が精神的に弱いお母さんを支え、進学も就職も地元にしたのも、弟や妹の面倒をよく見てきたのも、結果的に自分を後回しにすることになってしまったのもすべて事実です。

ですが、それは彼女が持つ「愛」のもたらす側面でもありました。

家族のことを愛していたからこそ、彼女は「母の母役」を買って出て、家族を守り、夫を支えてきたのです。

そのことに気付いたとき、彼女は今までの人生がすべて価値のある、素晴らしいものに思えてきました。

そう思った彼女は自然と涙があふれてきたそうです。

もちろん、それは悲しみの涙ではなく、自分の素晴らしさを承認する喜びの涙でした。


それから彼女は以前より打って変わって明るい性格になり、旦那さんをこれまで以上に愛し、両方の実家とも良い関係を築いていくことになります。

義理のお母さんが「うちの息子は本当にいいお嫁さんに巡り合えて幸せ者なの」と近所の人たちに自慢していることを知ったときは、今までの頑張りが報われたような気がしたと言います。

そして、今まではあまり積極的に欲しいと思えなかった子どもも早く産みたいと思うようになるまで変わっていたのでした。

自分をはっきりと言葉で表現できる

反抗期がなく、自主的に反抗期を起こそうとしても、なかなかお母さんや妹に怒りが出てこなかったNさん。

ある日、4年も付き合っているのにはっきりしてくれない彼に対して猛烈な怒りが出てきました。彼が彼女のことを愛してくれていることはわかっていたのですが、それ以上に曖昧な態度を繰り返す彼に怒りが止まらなくなったのです。

その思いを「御恨み帳」に吐き出しているうちに、徐々に自分をコントロールしていたお母さんに対する不満や怒りがどんどん出てくるようになったのです。

でも、**自分の怒りを認められるようになると、同時に自分の価値を受け取れるようになりました。**

周りの人が自分をすごく頼ってくれていることがわかったり、自分の能力の高さを受け取れたり、器用さやどこでも馴染める性格にも価値を感じられました。

つまり、「自分はどこでもやっていけそう！」と自信を持つに至ったのです。

そして、彼女は彼に、

「好きな仕事だからずっと続けていきたいけれど、あなたと結婚もしたい。だから、2か月待つから私と結婚するかどうか決めて！」

と迫ることにしました。彼はその場はドン引きしていたのですが、わずか1週間後にプロポーズしてくれたのです。

それで上司にも、その仕事をぜひ引き受けたい旨を伝えます。

「もし子供ができたらその時はその時です。海外に行くことになったら、彼とまた話し合います。彼も独立起業を考えているみたいなので、そのタイミングで海外で仕事ができればいいですし」

と大きな夢を語ってくれました。

ずいぶんとイキイキ、ハキハキと自分の意見を話せるようになったのです。

そして、お母さんに対しての怒りも収まり、

「あの人は英語もできないのに海外で暮らすことになって相当しんどかったと思うんです。それで私や妹を我が物のように扱うしかなかったんだろうと思えたら、かつて

のことはどうでもよくなってきました」

と語ってくれました。さらに、

「今ではお母さんをふつうに尊敬できますし、いい関係になりました。あれこれ言ってくるんですけど、私がはっきり言えば、それを受け入れてくれる器も持っている人だったんです」

とニコニコしながら報告してくれたのです。

人とつながり、安心感に包まれる

「罪悪感メイク」を落とすことによって「自分の存在は人に迷惑をかける」という思い込みから脱出したYさん。

彼女に起きた変化は本人もびっくりするほど速く、大きなものでした。やはり自立的に生きてきた人は「自分でなんでもできる」という長所を持っているために、変化が起きるのも速いのですね。

はじめに、夫婦関係が大きく変わりました。

旦那さんからの愛を素直に受け取れることができ、コミュニケーションが円滑になりました。親密さを感じられるようになり、「子どもが欲しい」と初めて思うに至りました。かつてはひとりで抱え込んでいた家事も、旦那さんにお願いすることができるようになったのです。

「洋食は私よりずっと上手で、ちょっとしたレストランよりもずっと美味しいんですよ。それに料理に合わせたワインや日本酒なんかも揃えてくれて、外食するよりずっと楽しいんです。

この間は私の学生時代の友人を招いて彼の料理でおもてなししたんです。みんなものすごく喜んでくれて、もっと早く彼にお願いしたらよかったと思いました」

そうした変化があってから、仕事に対する熱量が一時期よりずっと減ることになりました。

「子どもが欲しいと思うようになってますます頑張れなくなってきたんですよね。でも、私の場合はそれでもいいか、と気楽に思えるようになって。以前よりずっとマイペースに仕事をこなせるようになったんです。人からの頼まれごとでも忙しい時などはすんなりノーが言えるようになりました。それでも職場の人たちは全然嫌な顔ひとつしないんですよね。びっくりです。

しかも、以前よりずっと効率的に仕事をこなせるようになったので、残業がグッと減りました。だから、家のことも前よりもできるようになって、夫婦で過ごす時間が増えました」

気が付けば旦那さんも職場の人たちも、そして実家の家族もみんな「いい人」ばかりであることに気付きました。

彼女は罪悪感が強かったせいで、周りの人を、無意識に自分を攻撃してくる敵のように思っていたのです。

だから、罪悪感を手放したとき、周りの人たちの愛に気付き、そして、つながりを感じることができるようになったのです。

それは、彼女に大きな「安心感」や「居場所」を与えてくれるものになったのです。

真実のパートナーとライフワークに出会える

長年、自分に対して無価値感を抱いてきたSさんにとって、周りの人が自分に見ている価値を受け取ったり、自分の魅力を受け入れたり、犠牲や我慢を手放したりすることはなかなか至難《しなん》の業《わざ》でした。

習慣化した思い込みは、服に付いたシミのようにしっかり根を張っているので、拭《ぬぐ》ってもなかなかきれいにならないものです。

そんな中でも、彼女は徐々に自分の価値を認めようとし始めました。

男性からいつも求められるだけの魅力があることを受け入れ、仕事においても頑張ってそれなりの成果を残し、評価を得てきたことを理解していきました。

仕事で疲れている両親を必死に助けてきたことにも気付き、「実は自分はとてもすごい人なんじゃないか？」と思い始めたのです。

カウンセリングで「Sさんに感謝している人って誰だと思う？」とお聞きした時、真っ先に思い浮かんだのが妹でした。

両親が仕事で忙しくしている間、妹をたくさん面倒見てきました。今でも妹にとってSさんは一番の相談相手で、彼女が結婚相手のDVで離婚したときも両親よりも積極的に動いて助けてきたのです。「お姉ちゃんのおかげで今の私がいるんだよ」と何度も言われていたことを思い出しました。

そうすると今まで関係を持った男性たちも自分に癒しを求め、自分と一緒にいることで本当に安心した顔を見せてくれていたことに気付いてきました。

「あなたには人を癒す才能があるんですよね」

そんな私の言葉を最初の頃は全然受け取れなかったSさんですが、それにも彼女は気付いてきたのです。

仕事でもかつての社長が彼女に感謝の気持ちを持っていること、水商売先の店でもマネージャーや女の子たちから信頼されていることなど、どんどん彼女は自分が与えてきた価値について気付いていきます。

そして、彼女は「人を癒す仕事がしたい」とセラピストの学校に通い始め、さらにはカウンセラーになるべく勉強を始めるようになります。自分でサロンを開業したときも、お店の女の子たちがたくさん来てくれて初月から黒字になったほどです。

そして、その仕事が本当に楽しく、幸せだと気付いたときに、出会う男性もどんどん紳士的な人に変わっていきました。

そして、足繁くサロンに通ってくれたバツイチの会社経営者と付き合うようになります。今までの苦労や寂しさや苦しみをすべて補って余りあるほどの素敵な人でした。

「こんな楽で、幸せな恋愛ってあるんだ」と目から鱗《うろこ》が落ちたと言います。

無価値感を癒した彼女は天職とも言える仕事と、素敵なパートナーを同時に得ることに成功したのでした。

人間関係には「自分が自分を扱っているように、人に扱われる」という法則があります。

自分を「価値のない人間だ」と思い込んでいると、周りからもそういう扱いをされてしまいます。だから、その無価値感を癒すことで、恋愛だけでなく人間関係全般を変えていくことができるのです。

頼られてもビクともしなくなる

私たちは、感じたくない感情を抑圧するときに「怒り」を使います。

幼い子がママにお菓子を買ってほしくて、「ママ、このお菓子買ってよ！」と駄々をこねる姿に遭遇したこともあるでしょう。その子は買いたい気持ちが満たされなかったら「もういらない！」と怒りを使って、お菓子を欲しがっていた気持ちを抑圧するのです。

Tさんは平和主義者でしたから、ふだんは全然怒ることなんてありません。だからはじめのうちは「御恨み帳」もあまり気が進みませんでした。

そこで**「我慢していること、寂しかったこと、つらかったことなどをどんどん書いてみるといいですよ。子どもの頃に感じていた気持ちを思い出しながらね」**とアドバイスしたところ、今度は悲しみも怒りもとめどもなくあふれ出てくることになりました。

その後はしばらくいろんなことでイライラするようになり、仕事が手に着かなくなったような時期もありました。

そんな中でも「御恨み帳」を続け、「自分軸」を確立し、アファメーションを日々コツコツやっていったところ、だんだん職場でも意見が言えるようになっていきました。


それと並行して、反発していたお母さんと向き合うことにしました。

心の世界では「〝ああはなりなくない〟は、〝ああなってしまう〟法則」があると紹介しました。「お母さんみたいになりたくない！」と反面教師にしていたら、いつの間にかお母さんみたいな行動をとるようになってしまうことが少なくないのです。

それは、本当はお母さんのことを深く愛しているからに他なりません。

だから、お母さんと向き合い、お母さんの人生を顧みて、お母さんに感謝できることを探していくと、どんどんお母さんを大好きだったことに気付いていきます。

その頃から職場での彼女の発言力はますます増していきました。

そして、頼れる先輩として後輩からはより相談されることも増えていきましたし、気が付けば先生たちも彼女にあれこれ気を遣うことが増え、陰では「ここのボスはTさんだよね」と噂されるほどになっていました。

でも、彼女は自分が違うと思うことを違うと言い、理不尽なことははっきりそう伝えていたので、「当たり前のことをしているだけですけれどね」とおっしゃっていました。

彼女は職場でリーダーシップをとる、中心的な存在にまで変化していたのです。

そして、今では患者さんのために、そして、働くスタッフのためによりよい職場になるよう大車輪の活躍を見せているとのことです。

「こんな風に生きたい」と思える世界が見つかる

Eさんにとっては「頑張る」ことは当たり前であり、それ以外の選択肢は持たないような価値観に支配されていました。

身体がボロボロになってもそんな我が身に鞭を振るってでも頑張ろうとしていましたから、とても疲れていらっしゃったんですね。彼女の頭の中は理想主義者によくある「〜すべきだ」「〜しなければならない」「〜すべきでない」といった「べき論」で占められていて、常に何かに追い立てられるように頑張ってきたのです。

彼女のように頑張ることが癖になってしまっている人は、うまく自分を休ませることができません。

はじめの頃は私のお勧めに従って温泉に行っても、沖縄に旅行しても、あれこれ予定を詰め込んでしまっていました。ただ、それでも効果があったのでしょう。自分がどれくらい疲れていたのかが実感できるようになってきました。

頑張ることが当たり前になっている人は、自分が抱えている疲労にも鈍感になってしまっています。

同時に高い理想のせいで、常に自分を否定し、自分に鞭を振るっています。その態度を変えてるため、「いかに自分を甘やかすか?」をテーマにしていきます。

ちょうどタイミングを同じくして、健康診断で婦人科系の再検査通知が届きます。

「これってますます『女性性』を高めろってことですよね?」

と前向きに解釈した彼女はどんどん自分をゆるめるべくヨガを始めたり、エステに定期的に通うようにしたり、私のセミナーに積極的に参加してくれたりすることで、女性らしい柔らかさを持ちあわせる雰囲気に変化していきました。数か月ぶりに再会したセミナー仲間が「別人かと思った!」と驚くほどの変化です。

今では表情がどんどん柔らかく、明るくなっています。雰囲気も周りに緊張を与えるようなものから、柔らかく、安心感を与えるような様子に変わっていきました。

気が付けば自己肯定感もずいぶんと高まり、問題だった後輩への態度もだんだん軟化しました。1年後の社内査定でも部下からの評価が最低のEから最高のAへと一気に改善していたのです。

そんな彼女にとって、あるとき一人の女性との出会いもポイントになりました。あるセミナーを受講した際、その女性講師があまりにも自然体で輝いていて彼女はすっかりファンになってしまいます。その講師の個人セッションを受けたり、セミナーに頻繁に参加したりするうちにEさんは、彼女のような生き方がしたいと思うようになりました。

その講師もかつてはボロボロになるまで働いた時代があったので、Eさんのことを「昔の自分みたい！」とすごくかわいがってくれました。そのメンターのお陰で彼女は生きる指標がはっきり見えました。

「何かあれば先生の生き方を参考にすればいいですし、いつでも相談できるんです。そう思ったら心から安心できて居場所ができたような気がしました。もちろん、根本先生も私にとってはメンターですから。これからも頼らせてください！」

こうした気の遣い方にも今の彼女の持ち味が発揮されています。

直感を信じて生きていける

考え癖のあるIさん。彼女にはイメージワークや体を動かすことをお勧めしました。

その理由は、その思考の動きを止めるためです。

はじめはイメージワークにも集中できず、ウォーキングをしていても常に考えている状態でした。

しかし、**徐々に考えないでいられる時間が増えてくると、心に余裕が生まれるようになります。**考え癖を作る不安や怖れの感情を自分自身で受け止められるようになったことが大きいようです。

はじめはウォーキングをしていたのですが、だんだん本格的なものに興味を持つようになり、トレッキングを始められました。すると、その時間がとても楽しくなり、週末になるとどこの山に行こうかワクワクしながら考えられるようになります。

そして、トレッキングのサークルに入ったお陰で老若男女の仲間ができます。その趣味のつながりは彼女にとってライフスタイルを大きく変えるほどになりました。婚活を中断してトレッキングにハマり始めたので、お母さんなどは逆にそのことを心配するほどでしたが、彼女は「やりたいことをやればいい」と自分を貫けるようになりました。

いつしか彼女は体を動かす喜びに目覚め、自分の感覚を信じられるようになっていました。

もちろん、考えすぎてしまうときもありますが、明らかに以前のように考えすぎて眠れなくなることはなくなったそうです。**それよりもふと思ったことや何となく感じたことを実践する面白さに目覚めていました。**

楽しみにしていたトレッキングツアーが天候不順で中止になったときのことです。ふと思いついて、検索して見つけた街コンに参加してみたのです。そんなこと今までの彼女にはありませんでした。そこで偶然、山登りが趣味の彼と出会いました。その彼も予定していた山登りが天気のせいで中止になり、直前に申し込んだとのこと。彼は大学時代から山が好きで、今もよく山に登り、冬はスノーボードにハマっている男性でした。すぐに話題がはずみ、翌日にも会って付き合うことになりました。

トレッキングと出会い、偶然が重なって彼と付き合うことになったので、仕事もすっかり楽しくなっていました。その仕事のお陰で趣味に使うお金ができたわけですし、それがきっかけで似た趣味を持つ彼もできたわけですから、「会社には感謝しかありません！」とまで気持ちが変化したのです。

＊＊＊＊

いかがでしたでしょうか。

もし、この本の中にあなたと重なる登場人物がいたら、それは未来のあなたそのものです。

自分らしく生きること。

そのために、今できることをひとつひとつやっていきましょう。

いつしか皆さんの変化と幸せの物語を私に聞かせてください。

根本裕幸（ねもと・ひろゆき）

心理カウンセラー。

1972年生まれ。大阪府在住。1997年より神戸メンタルサービス代表・平準司氏に師事。

2000年よりプロのカウンセラーとして、延べ20000本以上のカウンセリングと年間100本以上のセミナーを行う。

2015年4月よりフリーのカウンセラー、講師、作家として活動を始める。

『人のために頑張りすぎて疲れた時に読む本』（大和書房）、『敏感すぎるあなたが7日間で自己肯定感をあげる方法』（あさ出版）、『いつも自分のせいにする罪悪感がすーっと消えてなくなる本』（ディスカヴァー・トゥエンティワン）、『敏感すぎるあなたが人付き合いで疲れないための方法』（フォレスト出版）、『頑張らなくても愛されて幸せな女性になる方法』（リベラル社）など、多くの著書を手がける。

また、「anan」「CLASSY.」「LEE」「美ST」「OZ PLUS」「日経おとなのOFF」などの雑誌、読売新聞、毎日新聞等への寄稿、各種テレビ、ラジオへの出演、また企画・制作協力多数。
●オフィシャルブログ：http://nemotohiroyuki.jp/

「いつも無理《むり》してるな」と思《おも》った時《とき》に読《よ》む本《ほん》

2020年4月30日　第一刷発行

著者　根本裕幸《ねもとひろゆき》
発行人　佐藤靖
発行所　大和《だいわ》書房
〒112-0014
東京都文京区関口1−33−4
電話 03−3203-4511
装丁　金井久幸+岩本巧（TwoThree）
イラスト　高橋由季
カバー印刷　歩プロセス
本文印刷　光邦
製本　小泉製本

ISBN978-4-479-79722-7

http://daiwashobo.co.jp